主　编：钟晓敏

副主编：沈玉平　张雷宝　李永友　金　戈（常务）

编辑部主任：金　戈

编　辑：（按姓氏笔画）

王　晟　叶　宁　司言武　刘　炯　刘初旺

赵海利　龚刚敏　童光辉　董根泰　葛夕良

主 编 钟晓敏

公共财政评论

2015

Public Finance Review

浙江大学出版社
ZHEJIANG UNIVERSITY PRESS

图书在版编目（CIP）数据

公共财政评论. 2015 / 钟晓敏主编. —杭州：浙江
大学出版社，2016.8
ISBN 978-7-308-15993-7

Ⅰ.①公… Ⅱ.①钟… Ⅲ.①公共财政－中国－文集
Ⅳ.①F812-53

中国版本图书馆 CIP 数据核字（2016）第 138427 号

公共财政评论 2015

主编 钟晓敏

责任编辑	陈佩钰（yukin_chen@zju.edu.cn）
责任校对	杨利军　高士吟
封面设计	杭州林智广告有限公司
出版发行	浙江大学出版社
	（杭州市天目山路 148 号　邮政编码 310007）
	（网址：http://www.zjupress.com）
排　　版	杭州中大图文设计有限公司
印　　刷	浙江海虹彩色印务有限公司
开　　本	787mm×1092mm　1/16
印　　张	9.5
字　　数	170 千
版 印 次	2016 年 8 月第 1 版　2016 年 8 月第 1 次印刷
书　　号	ISBN 978-7-308-15993-7
定　　价	28.00 元

目录
Contents

CONTENTS

高等教育公共资金增量拨款因素法研究

——基于浙江省高校大样本成本测算与拨款政策的分析 *

◎龚刚敏

摘　要:本文通过对目前高等教育成本的测算与对浙江省高等教育拨款现状的描述,对高等教育公共资金增量拨款的因素法进行了研究与方案设计。文章提出用来自第三方官方或中介机构(教育部、邱均平、武书连等关于学科的排名以及省教育评估院关于招生与就业)的客观数据分别考察高校的生源影响力因素、就业适应力因素与学

　　*　龚刚敏(项目执笔人),浙江财经大学财政与公共管理学院,浙江财经大学 MBA 学院,E-mail:gmggood@126.com。

　　本项目来自于 2010 年 11 月《国家教育体制改革试点项目任务书》中"制定高校生均经费基本标准和生均财政拨款基本标准的试点方案"。其目标是:通过制定普通高校生均经费标准和生均财政拨款基本标准,进一步完善高等教育投入体制。经过 5 年的试点,到 2015 年,建立与普通高等学校扩大办学规模、提高办学水平相适应的多元的高等学校经费投入体制,建立按生均成本合理分担的普通高等学校收费机制,充分体现高等教育投入的公平和绩效。教育厅专门成立专家组,2011 年 4 月完成试点方案顶层设计。落实了研究经费(财政专项经费 30 万元),保证了研究的各项工作得以顺利进行。2012 年 6 月 30 日浙江省内 30 所高校按要求填报有关调研表格。同年,在此基础上,课题组同时承担了浙江省教育厅委托的"浙江省属高校财政拨款体制改革"和浙江省物价局委托的"高校分级分类收费调节机制研究"课题。2014 年 7 月,浙江省高校收费标准也在听证会后进行了调整。浙财教〔2014〕181 号规定:"根据教育部学位中心学科评估结果,对省属本科院校(不含浙江大学)排名靠前的学科,分档给予定额奖励。全国排名前 10%、前 10%~20%、前 20%~30% 和虽未进入前 30% 但评估得分在 70分、65 分以上的学科,分别给予 400 万元、300 万元、200 万元、100 万元和 50 万元的奖励性补助。以后根据资金情况逐步加大奖补力度。"部分体现了本项目的研究成果。

　　本项目的前面部分已发表于《公共财政评论》2014 年刊(浙江大学出版社),本文为后面部分。

　　本项目的研究得到浙江省教育厅、浙江省财政厅、浙江省物价局和包括浙江大学、浙江财经大学、浙江工业大学在内的 30 余所高校的大力支持。以下个人须专门提及并一并致谢:浙江省原教育厅副厅长(现任浙江省文化厅副厅长)褚子育;浙江省物价局局长柳萍;浙江财经大学原校长(现任中国政府管制研究院院长)王俊豪教授,原副校长(现任党委副书记)钟晓敏教授;浙江省财政厅副处长虞劲松,副处长袁艺侨,主任科员徐佳梦;浙江省教育厅原计财处处长(现任高教处处长)韩剑,原计财处副处长(现任校安处处长)潘伟川,副处长(正处级)张华良,主任科员陈跃;浙江省物价局收费处处长舒可洪,价格研究所所长王鑫勇;浙江财经大学财务处副处长周训娥参与了课题表格设计与数据统计的全过程,副处长施建华,科员张稀(现浙江财经大学东方学院财务部长)、蒋国其、阮郡及全体财务处工作人员都参与了研究工作或为研究工作提供了大力支持。浙江财经大学统计学院周君兴教授、郑学东教授和倪伟才教授在数据处理方法上给予了专业的指导。此一并致谢!

科竞争力因素,并通过这些因素确定各高校的增量拨款。这种方法减少了以往专项拨款的随意性,并能够使各高校在同一起点展开竞争,促进各高校办出特色。

关键词: 高等教育;公共资金;增量拨款;因素法

一、问题的提出

根据对浙江省高校大样本成本测算,有如下几个主要结论:一是同层次高校办学成本基本一致,相对而言学校层次高(综合排名靠前)必要成本高,与其他高校差距在25％左右。包括教学与实践专项的生均成本差距就扩大到50％以上,部分考虑科研专项与课题经费支出后的生均成本差距超过了100％。二是不同专业生均必要成本的差异没有我们想象的那么大,这一结论与浙江省目前执行的标准差距较大。专业差异从必要成本到含部分教学专项再到含科研专项,专业间的差异基本呈现了逐渐加大的规律。三是高校限定性收入占比较高,且相对来说层次越高或政府扶持越多的学校专项结余占当年非限定性收入比重越大。

第一个结论说明高校成本差异主要归因于筹资能力的不同,这在我国以公办高校为主体的制度下可能导致公共教育资金的分配不均衡。第二个结论提示目前按专业培养成本差异确定拨款系数可能还需要调整。第三个结论说明高等教育拨款中,减少拨款的限定性将可能成为提高公共教育资金使用效率、扩大高等学校办学自主权、降低高校财务风险的重要途径。

本文将以省属高校(含省部共建一所,即浙江大学,下同)为基础说明浙江省高等教育财政拨款基本情况,分析大样本成本测算主要结论的政策含义并提出建议,重点将对第一个结论进行深入分析并提出高等教育公共资金分配的政策建议模型,并对模型的政策风险进行评估。

二、浙江省省属高校高等教育公共资金拨款现状

(一)浙江省省属高校高等教育公共资金拨款总体情况

浙江省共有普通高等学校 108 所(含独立学院及筹建院校),包括大学 15 所、学院 21 所、独立学院 22 所、高等专科学校 2 所、高等职业学校 48 所。① 其中省部共建一

---

① 《2014 年浙江教育事业发展统计公报》,http://www.zjedu.gov.cn/news/142794189606742293.html。

所,省属公办高校 21 所。2009—2011 年财政拨款基本情况如表 1[①]:

表 1　2009—2011 年省属高校公共资金拨款结构情况表

项目	拨款总额(万元)			各项目占比(%)			三年平均 (%)
	2009	2010	2011	2009	2010	2011	
生均经费	199092.5	214096	223319.2	53.61	54.85	53.14	53.87
离退休	24379.74	25359.78	26089.8	6.56	6.50	6.21	6.42
医疗补贴	22068.98	22736.85	26110.95	5.94	5.83	6.21	5.99
普通专项	3195	8585.05	12873.31	0.86	2.20	3.06	2.04
业绩考核专项	9000	11060	11640	2.42	2.83	2.77	2.68
省长专项	47909	49509	55451	12.90	12.68	13.19	12.93
教育厅专项	8739.9	8479.4	8643.4	2.35	2.17	2.06	2.19
教育费附加	56996	50493.2	56153.6	15.35	12.94	13.36	13.88
	371381.12	390319.28	420281.26	100.00	100.00	100.00	100.00

数据来源:浙江省教育厅。

　　就资金结构总体看,浙江省采用因素法用公式拨款部分(包括生均经费、离退休、医疗补贴)占总量的 2/3(三年平均 66.28%),其他属于专项(即限定性经费)。

　　浙江省财政厅出台《关于实施省级专项性一般转移支付管理改革的通知》,自 2012 年开始浙江省高校部分专项以专项性一般转移支付的方式取得,高校对这部分专项经费有较大的自主权,部分解决了以往专项经费(限定性经费)占比过大的问题。

　　2014 年浙江省财政厅出台《浙江省财政厅关于改进省属高校拨款办法的通知》,在再次强调因素分配的理念的基础上,设置基础因素、绩效因素、管理因素和专项因素。其中绩效因素包括学科(专业)校际差异、质量提升和奖学助学奖教,财务管理因素包括限制高校赤字预算、加大学校债务化解与预算执行率的考核力度等。2015 年 4 月浙江省政府办公厅公布中国美术学院、浙江工业大学、浙江师范大学、宁波大学、杭州电子科技大学等 5 所高校为第一批重点建设高校。省教育厅每年要向省政府报告各重点建设高校发展情况,列入重点建设的高校按照优胜劣汰原则实行动态调整,打破终身制。对入围"省重点高校建设计划"的高校,浙江省将加大财政投入,省级财政每年安排专项补助资金 5 亿元,并主要以专项性一般转移支付的方式核拨,扩大重点建设高校在资金使用上的自主权。

---

　　① 因本课题时间跨度较大,为保持与前面数据的适应性,有关财政数据取自同一时期。后期变化将在文中讨论中说明。

(二)高校公共资金拨款类型

就公共资金拨款类型而言,可以分成公式拨款、定额拨款与部分比例拨款等,除 1 所省部共建、3 所省市共建、3 所定额拨款外,其他均为公式拨款加上专项,见表 2。

表 2　浙江省高校拨款类型基本情况表

| 拨款类型 | 高校名称 | 公式拨款 | 定额拨款（万元） | 部分比例拨款 | | | 备注 |
				学生生均（%）	在职职工（%）	离退休（%）	
省部共建	浙江大学	√		本61 硕41 博33	56	51	部省共建
省直属及省市共建	杭州电子科技大学	√					有高职专项
	浙江工业大学	√					有高职专项
	浙江理工大学	√					
	浙江海洋学院	√		56	65	61	省市共建,有高职专项
	浙江农林大学	√					
	温州医科大学	√					
	浙江中医药大学	√					
	浙江师范大学	√					有高职专项
	浙江工商大学	√					
	嘉兴学院	√		68	70	70	省市共建
	中国美术学院	√					有高职专项
	中国计量学院	√					
	浙江万里学院		定额				2008 年起定额不增长
	浙江科技学院	√					
	浙江财经大学	√					
	宁波大学	√		45	48	45	省市共建,有高职专项
	浙江传媒学院	√					
	浙江树人学院		定额				2008 年起定额不增长
	浙江金融职业学院	√					生均71%＋高职专项
	浙江外国语学院	√					新成立,学生数少
	浙江省广播电视大学		定额				无本科,定额不增长

注:公式拨款即按照学生与离退休及教师(医疗补贴)按既定公式计算的拨款方式,定额拨款为给定金额且不发生变化的拨款方式。所有高校都有多少不等的专项,为简化起见,本表没有列出这一栏。拨款类型依据《浙江省财政厅关于完善省属高校预算定额制度的通知》(浙财预字〔2006〕22 号)。《浙江省财政厅关于改进省属高校拨款办法的通知》(浙财教〔2014〕181 号)有调整,后文将讨论。

三、对专业系数差异因素调整建议

(一)大样本测算结论的有效性

浙江省高校大样本成本测算结论显示:不同专业生均必要成本差异在 10% 左右,相对文科来说,工科与理科基本持平,系数同在 1.12 左右,专业之间的差异并不如我们传统上想象得如此之大。

表 2 中除 3 所定额拨款外有 19 所高校是主要按生均拨款的。从表 3 的折算各类学生数比重看,工科、理科与文科占到学生总数的 72.81%,从本科学生数比重来看,这 3 个专业比重更是达到 75.93%。上述结论基本覆盖了高校近 3/4 的学生(由于样本不足与样本分布不均的限制,农林、医学与艺术专业不能得出非常可靠的结论),所以本研究结论基本上能够为目前浙江省因素法分配公共教育资金提供有效的依据。

表 3　2010 年 19 所高校各专业学生数

专业	专业系数	本科生比重(%)	本科合计	2010 年折算学生数	各类折算学生数比重(%)
工科	1.2	34.35	80852	99673.2	37.84
理科	1	10.56	24852	25402.6	9.64
农林(含师范、警察)	1.15	7.37	17360	20303.02	7.71
文科	0.9	31.02	73016	66711.42	25.33
医学	1.25	6.87	16183	20629.5	7.83
艺术	1.25	9.83	23142	30667	11.64
			235405	263386.74	

注:数据来源于财政厅,其中"2010 年折算学生数"不是简单地相当于"本科合计"乘以专业系数,而用财政拨款浮动比例进行了调整。

(二)成本测算结论与中央高校拨款系数比较

相对于浙江省的文、理、工、农、医、艺术六类,中央高校的专业分得更细一些[1],但中央高校拨款是"人员经费基本持平、公用经费体现差异",也就是说其生均拨款已经

---

[1] 《财政部 教育部关于完善中央高校预算拨款制度的通知》(财教〔2008〕232 号),2008 年 10 月 8 日。

分成两块:一是人员经费,按 6000 元/生计算,所有高校没有差异,而公用经费基础定额按 6000 元/生标准,再按相关系数调整。两者的区别在于浙江省是全额生均拨款(目前是 9000 元/生)存在系数差异,而中央高校只是公用经费部分存在系数差异,如要比较需要将两者调整成同样的标准。

我们可以用一个简单的图来说明这一点,见图 1。

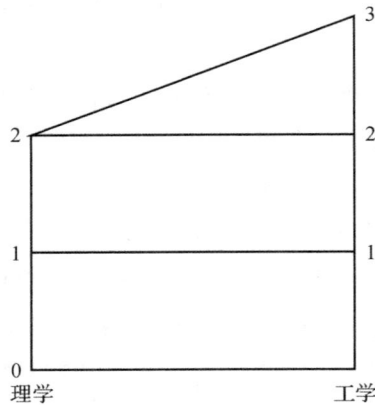

图 1 全额专业系数与公用经费专业系数对比图解

从图 1 中可以看出,假定理学生均拨款为 2,工学生均拨款为 3,则全额专业系数差异是工学是理学的 1.5 倍。如果以理学的一半为标准作为人员经费,与工学人员经费一致,则理学公用经费为 1,工学公用经费为 2,此时工学公用经费拨款标准为理学的 2 倍。因此,我们只有将中央与浙江省专业系数调整到同口径才可能准确比较。由于浙江省没有区分人员经费与公用经费,所以将中央高校调整成总生均拨款更合适。

表 4 中央高校公用经费专业系数与全额专业系数对比表

学科名称	哲学	经济学	法学		教育学		管理学
			法学	其中:公安学类	教育学	其中:体育学类	
公用经费拨款系数	1	1.25	1.25	1.5	1.25	1.5	1.25
拨款标准(元)	12000	13500	13500	15000	13500	15000	13500
相对理学全额拨款系数	0.89	1.00	1.00	1.11	1.00	1.11	1.00

续表

学科名称	文学				历史学		理学
	文学	其中:文艺类	新闻传播类	非通用语	历史学	其中:考古、民族学	
公用经费拨款系数	1	2	1.5	4	1	1.5	1.25
拨款标准(元)	12000	18000	15000	30000	12000	15000	13500
相对理学全额拨款系数	0.89	1.33	1.11	2.22	0.89	1.11	1.00
学科名称	工学					农学	医学
	工学	其中:地矿油类	船舶与海洋工程类	航空航天类	公安技术类		
公用经费拨款系数	1.33	2	2	2.5	2.5	2	3.5
拨款标准(元)	13980	18000	18000	21000	21000	18000	27000
相对理学全额拨款系数	1.04	1.33	1.33	1.56	1.56	1.33	2.00

注:根据《财政部 教育部关于完善中央高校预算拨款制度的通知》(财教〔2008〕232号)整理,其中基础定额中公用经费按6000元/生,人员经费按6000元/生计算,拨款标准＝6000(人员经费)＋6000(公用经费)×公用经费拨款系数。

按照浙江省专业归类方式,表4中的哲学、经济学、法学、教育学、管理学、文学(艺术或文艺单列)历史学等可归于文科。其他与浙江省专业口径大致相同。由表4可见,中央部属高校的专业拨款系数差异远比公用经费差异来得小。之所以出现这一情况,是因为中央的生均拨款中只对公用经费确定了系数差异。

我们可以得到如下结论:①从平均数上可见,文科略低、理学专业与工学专业基本持平。如果此系数的依据是办学成本,那么此系数标准与本研究的结论基本相同;②除特殊工学专业(地矿油类、船舶与海洋工程类、航空航天类与公安技术类等)外,一般工学与理学的差异也在10%以内,也与本研究结论基本一致。

(三)浙江省的专业系数与改进方向

目前浙江省公式拨款中的专业系数如下[①]：本科学科系数以理科为1，文科0.9（其中非通用语言及翻译专业1.8），工科1.2，农林（含警察、师范）1.2，医学1.35（其中基础医学类、临床医学类、口腔医学类、公共卫生与预防医学类、中医学类、中西医结合类、法医学类1.5），艺术1.3；高职专业系数以经管（含其他）为1，工科1.2。这一系数是对基准定额9000元/生进行调整。

本研究结论在文科、理科与工科三大专业上与中央高校专业系数规则基本相同，即：文科系数略低，理科与工科基本同，且与文科差异在10%以内。但本研究不能对农林、医学与艺术给出确定的意见，也无法与中央高校相关标准进行比较和验证。

因此，本项目建议我省高等教育拨款专业系数将文科、理科与工科按本研究结论加以调整，而其他专业暂时维持原标准不变。即：普通高校专业的折算系数（简称"专业系数"）：理科1.0，文科0.9，农林（含警察、师范）1.2，工科1.0，医学1.35（其中基础医学类、临床医学类、口腔医学类、公共卫生与预防医学类、中医学类、中西医结合类、法医学类1.5），艺术1.3；高职院校专业的折算系数以经管（含其他）类为1，工科类1.1。

四、对增量拨款因素法可行性探讨

(一)因素法应当是财政拨款的趋势

1.限定性收入比重过大可能导致财务风险

从2006年开始，学术界和实务操作中，提高不指定专项用途的"一般性转移支付"的呼声越来越高，但由于种种原因，专项拨款在我国目前的财政拨款体制中仍然占有相当的比重，在某些领域甚至有提高的趋势。

从表1可以看出，生均经费、离退休、医疗补贴、普通专项、业绩考核专项等项目已经是因素法。但省长专项、教育厅专项和教育费附加这些占比平均达28%的部分还是以专项形式拨款，如果加上这些专项对学校要求的配套以及从财政厅教育厅以外渠道得到的专项拨款，高校的限定性收入比重仍然很高。

本研究显示，由于专项经费比重过大，公办高校隐性债务的数额已经不容忽视。同时，对很多学校来说，作为最低限的运行保障刚性支出已经达到或超过高校当年的

[①] 《浙江省财政厅关于改进省属高校拨款办法的通知》（浙财教〔2014〕181号）。

非限定收入,这都有可能导致财务风险。

2.限定性财政经费的分配缺乏公平基础

综合排名靠前的高校必要成本高的一部分原因逻辑上有可能是这些高校具有超过其他高校的筹资能力,并通过目前事业单位现收现付的会计核算制度对实际支出的记录表现出来——尽管本研究最开始就已经意识到高校财务管理与会计核算理论的局限,并借鉴完全的"权责发生制"的基本思路研究成本的"必要构成"与可能构成,但还是无法完全剔除筹资因素的影响而精确测算必要成本。

综合排名靠前的高校拥有比其他高校更强的筹资能力在几乎所有国家都存在,但在我国以公办高校为主体的高等教育财政体制下,现有的公共资金分配制度使公共教育资金分配存在较大的不均衡,有可能导致公共资金的分配效率不足。2014年11月,教育部副部长杜玉波出席"2014年省部共建地方高校工作研讨会"时明确表示,今后,更多的国家重大项目将会在支持范围、遴选条件等方面对地方高校一视同仁,破除"985"、"211"等身份壁垒,更加注重绩效评价。尽管这并不是教育部相关负责人就"985"、"211"高校存废的公开表态,但至少说明这一基于身份的专项资金分配的不公平问题已经引起高层的注意。而且已有众多学者研究结论认为目前的高校专项拨款特别是"985"、"211"学校的专项拨款使用效率存在问题(陈学飞[1],2006;林荣日,陈垚犇[2],2011;伍宸[3],2015)。

所以应当尽可能减少限定性经费拨款的预算安排。

(二)以增量拨款为契机推进绩效拨款因素并逐步加大力度

从目前已有政策看来,近几年增量拨款大致上分成了三块:一是普惠性质,如生均拨款的提高;二是专项拨款,近几年财政厅普通专项增幅较大;三是其他增量资金(相当于生均1000元,总额为3亿元左右),可以用来试点生均拨款与专项资金以外的因素法拨款资金,与绩效挂钩,兼顾普惠。

应该指出的是,浙江省基于绩效的"浙江省省属普通高等学校本科教学业绩考核"(以下简称"业绩考核")指标体系比较丰富和全面,已经在不断地调整过程中试行了六轮(七年),取得了一定的成效和经验,并且还将继续下去。

本项目涵盖的"与绩效挂钩,兼顾普惠的增量部分"有两个方面不同于"业绩考

① 陈学飞.理想导向型的政策制定——"985工程"政策过程分析.北京大学教育评论,2006(1).
② 林荣日,陈垚犇.我国高校政府拨款模式的特点及存在问题初探.开放教育研究,2011(2).
③ 伍宸.论高等教育政府资助方式的转变.重庆高教研究,2015(3).

核"：一是业绩考核的对象是 15 所高校，本项目的范围是 19 所高校（不含 3 所定额拨款高校）；二是业绩考核只是前 60％高校（9 所高校）可享受增量奖励，其余高校只排名不奖励。本项目是在普惠基础上考虑各高校的运行绩效。

（三）与绩效挂钩的增量部分拨款的思路

1. 基本原则

（1）纵向性或自身性

浙江省已有试行六轮（七年）的"业绩考核"，指标体系非常全面。本项目提出的绩效思路显然不能与这些指标体系重复。"业绩考核"的主要思想是设立标准横向比较，由于历史与积淀的原因，省内高校排名基本趋于稳定，横向比较有可能形成所谓强者越强，弱者愈弱的"马太效应"。

本项目认为，我们更多地要关注高校自身的发展，强调自身指标的纵向比较。这样，每一所高校的每一年都是新的起点，逆水行舟，不进则退。可以最大限度地发挥绩效拨款的激励作用。

（2）简洁性

"业绩考核"设立了相当多的指标，这种模式作为一种考核评奖的方法是可行的，但作为每年经常性预算安排的标准会有一定问题。预算的安排"两上两下"，一般的做法是公式法，在最终接受人代会咨询时也简洁明了。所以增量部分拨款与绩效挂钩的指标要简单明确。

（3）权威性

"业绩考核"的大部分指标是来自高校自己提供的数据，在考核过程中我们需要对这些数据进行进一步的核实与甄别。同样的理由，如果作为经常性预算安排的指标会产生很大的核实成本，从而有很大的风险与不确定性，同时使申报的周期拉长。本项目认为增量部分拨款与绩效挂钩的指标不能来自学校本身，而应该来自于权威部门或者中介机构。

（4）导向性

所谓绩效拨款，就是要根据高校的绩效情况决定拨款的数额。对绩效的认定就是一种导向。高等学校是实现人才培养、科学研究、服务社会、文明传承等各项功能的微观单位，我们需要利用绩效指标引导高校更好地实现这些基本功能。

2. 指标选择与因素组合

本项目选择了三个指标构成增量部分拨款与绩效挂钩的因素组合。

(1)生源影响力因素

每年高考志愿报名都是对各高校的大考,一个高校社会影响力如何,在招生的分数上体现得淋漓尽致。高等学校有很多功能,但最基本的是人才培养,只有人才培养的影响力得到社会的承认,才会有众多学子趋之若鹜,所以这是一个最为重要的指标。

"业绩考核"中也有类似指标,但与之不同的是,本项目设计以当年招生平均分为基础,按超过或低于平均分值来确定上下浮动比例。这一因素范围仅为当年招收新生。

(2)就业适应力因素

人才培养的最终结果体现在学生就业上。我们可以同样以当年毕业平均就业率为基础,按超过或低于平均值来确定上下浮动比例。这一因素范围仅为当年毕业生。

(3)学科竞争力因素

高等学校的几大职能完成得好坏需要很多指标来评价,如教学条件保障、师资队伍、教学质量等几个方面。但如果选择指标过多,可能会造成与"业绩考核"重复,同时违背简洁性原则。我们希望找一个相对综合的因素来评价学校的地位。

学科是本科高校发现、应用、传播知识的基本单元,犹如学校的细胞,可以整合学校的各种资源,也是学校的基础,还是高校教育质量和水平的支撑和代表。所以,在一定程度上,学科,相对于高等学校的其他因素,更加能够体现学校的综合竞争力。

评价学科的一个权威办法是学科排名,这些排名是每年学生报考大学和研究生的重要参考,也是学校综合实力的体现。目前国内比较权威的有三个:一是教育部学位中心①每三年一次对全国学科进行排名;二是邱均平近几年每年出一本《中国大学及学科专业评价报告》,可查学科排名;三是武书连每年一本《中国大学评价》也涉及学科排名。

本项目选择两个一级学科和四个二级学科(由学校自定,三年调整一半),平均考察学科在几个权威机构中的排名(权重一级学科为 25％,二级学科为 12.5％)②,奖进步,扣退步,激励各高校办出特色,做强学科。

考虑到机构的权威性,我们可以设定教育部、邱均平、武书连权重分别为 50％、

---

① 学科排名是指按照国务院学位委员会和教育部颁布的《授予博士、硕士学位和培养研究生的学科、专业目录》,对除军事学门类外的全部 81 个一级学科进行整体水平评估,并根据评估结果进行排名,又称"学科评估"。此项工作由教育部学位与研究生教育发展中心(简称:学位中心)于 2002 年首次在全国开展,至 2009 年已完成两轮评估。

② 本研究方案只是提出一个大致框架,具体系数(包括下面的所有系数)都可以根据具体情况进行调整。

35％、15％（当教育部没有变化时只考虑邱均平和武书连分别为 70％和 30％）。

考虑到进步的难易程度，100 位以外每上升 1 位上浮 1％，50—100 位每上升 1 位上浮 5％、50 位以内每上升 1 位上浮 10％。

这一因素范围仅为当年招生与毕业以外的学生（二、三年级本科＋硕士生＋博士生）。

（四）绩效拨款方案设计与算法

1. 公共因子

（1）j：专业：1—文科，2—理科，3—工科，4—农林，5—医科，6—艺术

（2）i：各高校

（3）19 所高校一批各专业总平均分：L_j^1（省教育考试院提供）

（4）19 所高校二批各专业总平均分：L_j^2（省教育考试院提供）

（5）19 所高校一批各专业自平均分：L_{ji}^1（省教育考试院提供）

（6）19 所高校二批各专业自平均分：L_{ji}^2（省教育考试院提供）

（7）19 所高校各专业平均就业率：W_j（省教育评估院提供）

（8）19 所高校各专业就业率：W_{ij}（省教育评估院提供）

（9）各校学生（省教育厅提供）：

① 当年新生（上标 1 代表一年级本科）：

$$S_i^1 = \sum_j M_j \times S_{ij}^1$$

其中：M—专业调整系数

S—学生数

② 在校学生（上标 2 代表在校二三年级本科生、全体硕士博士生）：

$$S_i^2 = \sum_j M_j \times S_{ij}^2 + M_m \times S_{im}^2 + M_d \times S_{id}^2$$

其中：M_m / M_d 硕士生/博士生调整系数

S_m / S_d 硕士生/博士生人数

③ 毕业学生（上标 4 代表当年毕业本科生）：

$$S_i^4 = \sum_j M_j \times S_{ij}^4$$

（10）拨款基数（省财政厅提供）：A

（11）教育部学科排名排位（用 O 表示，省教育评估院提供）：

上次排位（上标 0）：Of_{i1}^0 Of_{i2}^0 Os_{i1}^0 Os_{i2}^0 Os_{i3}^0 Os_{i4}^0

其中：f——一级学科

s——二级学科

1,2,3,4 为各高校自选学科

本次排位(上标9)：Of_{i1}^9　　Of_{i2}^9　　Os_{i1}^9　　OS_{i2}^9　　Os_{i3}^9　　Os_{i4}^9

(12)邱均平排位(用 Q 表示)：

　　上次排位(上标0)：Qf_{i1}^0　　Qf_{i2}^0　　Qs_{i1}^0　　Qs_{i2}^0　　Qs_{i3}^0　　Qs_{i4}^0

　　本次排位(上标9)：Qf_{i1}^9　　Qf_{i2}^9　　Qs_{i1}^9　　Qs_{i2}^9　　Qs_{i3}^9　　Qs_{i4}^9

(13)武书连排位(用 W 表示)：

　　上次排位(上标0)：Wf_{i1}^0　　Wf_{i2}^0　　Ws_{i1}^0　　Ws_{i2}^0　　Ws_{i3}^0　　Ws_{i4}^0

　　本次排位(上标9)：Wf_{i1}^9　　Wf_{i2}^9　　Ws_{i1}^9　　Ws_{i2}^9　　Ws_{i3}^9　　Ws_{i4}^9

2.当年新生绩效拨款

(1)副省级城市高校：

以当年各专业招生平均分为基础,按各高校超过或低于平均分值来确定上下浮动比例。

　　当年新生调整系数：$\alpha_{ij} = (L_{ji}^1 - L_j^1)\%$

　　当年新生绩效拨款：$E_{i\alpha} = (\sum_j M_j \times S_{ij}^1 \times \alpha_{ij} + S_i^1) \times A$

(2)非副省级城市高校：

为公平起见,考虑非副省级地区高校因为地域差异导致的办学质量与招生分数不匹配,对此进行分数补助。

　　当年新生调整系数：$\beta_{ij} = (L_{ji}^1 - L_j^1 + 20)\%$

　　当年新生绩效拨款：$E_{i\beta} = (\sum_j M_j \times S_{ij}^1 \times \beta_{ij} + S_i^1) \times A$

3.当年毕业生绩效拨款

　　当年毕业生调整系数：$\delta_{ij} = (W_{ij} - W_j)\%$

　　当年毕业生绩效拨款：$J_i = (\sum_j M_j \times S_{ij}^4 \times \delta_{ij} + S_i^4) \times A$

4.当年在校非新生及毕业生绩效拨款

(1)当年教育部学位中心学位排名变化时的情况

①调整系数：

$$\lambda_i = [25\%(\sum_k (Of_{ik}^9 - Of_{ik}^0) \times \varphi)\% + 12.5\%(\sum_l (Os_{il}^9 - Os_{il}^0) \times \varphi)\%] \times 50\%$$

$$+ [25\%(\sum_k (Qf_{ik}^9 - Qf_{ik}^0) \times \varphi)\% + 12.5\%(\sum_l (Qs_{il}^9 - Qs_{il}^9) \times \varphi)\%] \times 35\%$$

$$+[25\%(\sum_k Wf_{ik}^9 - Wf_{ik}^0)\times\varphi)\% + 12.5\%(\sum_l (Ws_{il}^9 - Ws_{il}^0)\times\varphi)\%)]\times 15\%$$

其中: k—1,2

l—1,2,3,4

$\varphi_{s.t.}$
$\qquad Of_{ip}^r/Os_{ip}^r/Qf_{ip}^r/Qs_{ip}^r/Wf_{ip}^r/Ws_{ip}^r > 100, \varphi = 1$

$\qquad 50 < Of_{ip}^r/Os_{ip}^r/Qf_{ip}^r/Qs_{ip}^r/Wf_{ip}^r/Ws_{ip}^r < 100, \varphi = 5$

$\qquad Of_{ip}^r/Os_{ip}^r/Qf_{ip}^r/Qs_{ip}^r/Wf_{ip}^r/Ws_{ip}^r < 50, \varphi = 10$

r—0,9

p—1,2 or 1,2,3,4

如果新旧排位跨过 100 位或 50 位点位,则分段计算。

②当年在校学生绩效拨款:

$$T_{i\lambda} = S_i^2 \times (1+\lambda_i) \times A$$

(2)教育部学位中心学科排名不变时的情况

①调整系数:

$$\theta_i = [25\%(\sum_k (Qf_{ik}^9 - Qf_{ik}^0)\times\varphi)\% + 12.5\%(\sum_l (Qs_{il}^9 - Qs_{il}^0)\times\varphi)\%)]\times 70\%$$
$$+[25\%(\sum_k (Wf_{ik}^9 - Wf_{ik}^0)\times\varphi)\% + 12.5\%(\sum_l (Ws_{il}^9 - Ws_{il}^0)\times\varphi)\%)]\times 30\%$$

②当年在校学生绩效拨款:

$$T_{i\theta} = S_i^2 \times (1+\theta_i) \times A$$

5.学校当年因素法增量总拨款

(1)教育部学位中心学科排名变化时副省级城市高校:

$$Ri = E_i\alpha + Ji + Ti\lambda$$

(2)教育部学位中心学科排名变化时非副省级城市高校:

$$Ri = E_i\beta + Ji + Ti\lambda$$

(3)教育部学位中心学科排名不变时副省级城市高校:

$$Ri = E_i\alpha + Ji + Ti\theta$$

(4)教育部学位中心学科排名不变时非副省级城市高校:

$$Ri = E_i\beta + Ji + Ti\theta$$

(五)方案的评价

1.预算风险评估

生源影响力因素与就业适应力因素两者在预算上不会突破原生均总额。因为我们的思路是将所有高校与平均值比,理论上是一半在平均值以下,一半在平均值以上,所以这是一个按绩效重新分配的零和游戏。

学科竞争力因素可能会有预算突破[①]。本项目在开始讨论风险预案时,已经提出要有一定机动财力保证预算突破时可执行方案。

考虑到本项目只是对生均 1000 元做绩效方案,且范围只占学生的一半,2010 年 19 所高校在校生为 24 万,近几年本科学生招生增长都在 1.5% 以内,一半学生拨款只有不到 1.5 亿元。如果竞争力因素导致预算突破 100%,意味着浙江省高校的学科排名 100 位之外上升 100 位,50—100 位之间上升 20 位,或者 50 位之内又前进 10 位。这种成绩对 1.5 亿元的代价来说应该是超值了!

我们可以在 3 亿的框架内试行一年再看结果[②],如果可行,可加大绩效预算的范围。

2. 对高校的导向性影响

本项目允许高校自主选择两个一级学科和四个二级学科,三年可调整一半,平均考察学科在几个权威机构中的排名,奖进步,扣退步。这种方式避免了以前对各高校各种评估千校一面"数工分"的局面,也避免了横向比较导致的强者越强,弱者越弱的"马太效应",强调自身指标的纵向比较。这样可以最大限度地发挥绩效拨款的激励作用,每一所高校的每一年都是新的起点,逆水行舟,不进则退。不同层次的高校都可以办出自己的特色,做大做强自己的优势学科,这正是我们多年高等教育改革所期望的。

3. 可操作性评价

本项目提出的增量拨款因素法思路的可行性体现在以下几个方面:一是在一定程度上维持了现有的公式拨款与专项(特别是省长专项)的格局,仅仅用部分增量拨款进行试点,有效地保护了既得利益减少阻力,同时又开辟一条新的思路;二是主要指标来自权威部门或者中介机构反客观第三方,避免了各高校作假的动机,也减少了核查的成本;三是在总体思路认可的情况下,具体指标动态可调整,且调整简单;最后,当本

---

① 当然也可能预算用不完,尽管我们不希望看到,但算法规则是一致的。

② 为了不影响文章的可读性,本文将项目中更加具体的说明放在脚注中:1. 非副省级地区高校因为地域差异可能办学质量与招生分数不匹配。为公平起见,本项目将对此进行分数补助:非副省级地区高校的比较基准值是"(一批或二批)平均分−20 分"。2. 为体现优惠,浙江外国语学院可享受非副省级地区高校待遇。3. 专科学校用专业排名参照本科院校计算。4. 定额拨款高校几年来一直没有增量。本研究建议采用"只增不减"的政策激励这些高校在招生、就业、学科或专业上有所突破,即:因素都与上述算法相同(学生只考虑全日制本专科),可就高靠本科或专科。超过或进步增加拨款,降低暂时不减少。5. 生均拨款标准与 CPI 挂钩,法定调整。

方案得以在小的增量范围内取得好的结果,可以直接线性扩大因素法拨款比例,这将对浙江省的高等教育发展起到更好的促进作用。

Study on Factor Method of Incremental Allocation of Public Funds for Higher Education
——An Empirical Analysis Based on Examples of Zhejiang Province

Abstract:Based on description on the current status of public allocation for higher education and the estimation of higher education in Zhejiang province, this paper gives a schematic design on factor method of incremental allocation of public funds for higher education. All the data are from independent official/unofficial institutes, including Office of the State Council Academic Degrees Committee of Ministry of Education of China, Zhejiang Education Evaluation Institute, Rankings of Chinese Universities by Wu-Shulian and Qiu-Junping, etc. Factors Method determined by these data decrease the randomness in allocation of public funds.

Key words:Higher Education;Public Funds;Incremental Allocation;Factor Method

公共支出、FDI 与区域创新能力发展*

◎彭锻炼

摘　要：对区域创新能力作用的因素很多，不同的研究方法和研究视角有不同的结论，但缺乏从整体外部环境研究 FDI 外溢效应对区域创新能力作用的研究。本文采用公共支出不同成分作为影响 FDI 外溢效应外部环境的代理变量，用 2000—2011年全国各省份的面板数据，采用动态 GMM 分析方法，分析公共支出不同成分、FDI 以及它们之间的相互作用对区域创新能力的影响。发现区域创新能力具有累积效应，公共研发投入和货物出口对区域创新能力有明显促进作用，FDI 在促进区域创新能力发展方面具有明显的资本效应；在促进 FDI 发挥外溢效应方面，政府研发投入、预算内基础设施投入和预算内社会保障与就业服务投入都有明显的促进作用，而专利制度的改革对 FDI 推动我国发明创造等原始创新有促进作用。

关键词：公共支出；FDI；区域创新能力；动态面板数据分析

一、引　言

自从熊彼特提出创新概念以来，创新已经成为各个国家经济发展、社会进步的原始动力和追求目标。一个国家或地区创新的来源或创新能力的发展主要依靠 R&D 投入、FDI 和国际贸易，关于 R&D 投入、FDI 以及国际贸易各自对创新绩效的影响的研究文献已经很多，但整合三者之间的共同影响、研究它们对创新绩效共同作用的文献还较少（Chengqi Wang and Mario I. Kafouros，2009）。另一方面，越来越多的文献认识到外部环境或制度因素对 FDI 区位选择、FDI 溢出效应的影响，以及它们对区域

＊　彭锻炼，上海立信会计学院财税学院，E-mail：pengdL315@yahoo.com.cn。本文得到上海立信会计学院重点学科税务专业建设专项经费的资助。

创新能力的共同作用。有些文献研究了本土企业技术吸收能力、基础设施建设对 FDI 外溢效应的影响及其对区域经济发展或创新能力的共同作用（Narula and Marin，2003；Nuno Crespo and Maria Paula Fontoura，2007；Sourafel Girma，2009）；有些文献研究了人力资本积累、知识产权保护、劳动力质量及其流动、制度环境以及腐败等因素对 FDI 外溢效应的影响及其对区域经济发展或创新能力的共同影响（Lipsey, R. and F. Sjoholm，2004；Javorcik, B. S，2004；Gao Ting，2005；Awokuse, T. O. and H. Yin，2010）；还有些文献研究了政府政策、公共部门透明度对 FDI 外溢效应的影响及其对区域经济发展或创新能力的共同作用（Seyoum，B. and T. G. Manyak，2009）。这些外部环境或制度因素往往可以归结为宏观环境，是需要一个国家或地区的政府通过治理、管制甚至直接投入资金来形成或建设的。对于发展中国家而言，本土企业的技术吸收能力需要政府投入资金来引导企业投入，形成全社会研发资金多渠道投入的机制，才能有效地改善；人力资本积累、劳动力质量等因素需要政府在教育、培训等多方面投入才能得到提高；知识产权保护、劳动力自由流动、反腐败等社会环境的形成需要政府投入资金才能更好地实施；最后，政府的一些政策或者宏观调节手段需要投入财政资金才能最终实现。同时，对于本土企业和外资企业来说，宏观环境具有公共产品的性质，必须由政府投入资金来建设和形成，也只有政府具有这个能力去建设和形成。因此，在借鉴已有文献的基础上，研究政府公共支出对 FDI 溢出效应的影响及其对区域创新能力的共同作用更具有综合性，能更全面地理解影响 FDI 外溢效应的影响因素和对区域创新能力的共同作用。但目前关于政府公共支出结构对 FDI 溢出效应的发挥、公共支出与 FDI 溢出效应共同促进国家或地区创新能力发展或提高区域创新绩效的文献还很少。

其次，关于 FDI 外溢效应对区域经济发展或创新能力影响的结论也没有统一答案。一些实证研究发现 R&D 投入、FDI 外溢效应对区域经济发展或创新能力有明显的促进作用（Buckley，Clegg，Wang and Cross，2002a；Buckley，Clegg and Wang，2002b；Falvey et al.，2004；Buckley，Clegg and Wang，2007；Kafouros and Buckley，2008）；而另一些研究表明它们的作用不显著（Damijan，Knell，Majcen and Rojec，2003）。其原因除了与所选取的样本对象、研究方法存在较大差异以外，我们认为，与没有全面考虑 FDI 外溢效应的影响因素也有很大关系。如果说，R&D 投入、FDI 外溢效应是促进区域创新能力发展的内因，那么宏观环境，包括经济环境和社会环境就是影响区域创新能力的外因，只有内因和外因同时发挥作用，才能改善区域创新能力。也只有同时考虑内因和外因，才能准确地度量它们对区域创新能力的影响程度。根据公共经济学理论,政府公共支出总量和结构能够较好地衡量一个社会的宏观环境,因为一个社会宏观环境的建设和形成可以从公共支出的总量和结构得到充分反映。因此,研究公共支出与 FDI 对区域创新能力的影响,能更准确地说明问题,解决由于变量选取不全面而带来的纷争。[①]

最后,随着我国社会主义市场经济建设的不断深入,内外资企业所得税的统一、劳动用工制度的规范、土地行政的垂直化管理等制度变化,使我国吸引外商直接投资的优势正在消失。虽然近年来我国吸引外商直接投资还保持着较高的增长速度,但这种增长势头必将放缓。[②] 今后面临的一个重要问题就是,如何优化公共支出结构改善经济社会环境,为现有 FDI 外溢效应的充分发挥创造一个良好的宏观环境,以提高各地区创新能力。这对各级政府来说,是一个重要而紧迫的课题。同时,对于各地政府采取措施促进当地企业实施"走出去"战略有重要启示意义(Luo, Y., Q. Xue and B. Han, 2010)。因此,从公共支出与 FDI 相互影响的角度研究它们对区域创新能力的共同作用,具有很重要的现实意义。

基于这样的目的,本文主要分析近年来我国公共支出结构与 FDI 外溢效应对区域创新能力的影响。本文的创新之处主要体现在:第一,研究视角新颖,综合考虑了影响区域创新能力发展的内因(R&D 投入、FDI、出口)和外因(预算内教育投入、基础设施投入、社会保障与就业支出、知识产权保护等);第二,根据区域创新能力发展的理论模型,从公共支出成分与 FDI 作为区域创新能力的投入要素以及公共支出成分影响FDI 溢出效应建立模型,采用动态回归方法进行了计量分析。全文结构如下:第二部分主要进行理论分析和文献回顾;第三部分介绍计量模型、指标选取和数据来源;第四部分分析实证分析结果;第五部分是结论与启示。

二、理论分析及文献回顾

前已述及,在经济全球化和知识经济社会,一个国家或地区的创新能力主要来源于 R&D 投入、FDI 外溢效应及国际贸易,但它们作用发挥的大小或程度又受制于当

[①] 当然,这不仅要涉及公共支出的总量和结构,还涉及公共资金使用或公共产品生产的效率问题。而后者更多的是一个技术问题,本文暂不讨论。

[②] 2009 年出现下降趋势,根据《中华人民共和国 2009 年国民经济和社会发展统计公报》,2009 年我国实际使用外商直接投资金额 900 亿美元,比上年下降 2.6%。见 http://www.stats.gov.cn/tjgb/ndtjgb/qgndtjgb/t20100225_402622945.htm。

地的宏观环境。我们可以用知识（创新）系统结构图来分析这个过程（见图1）。

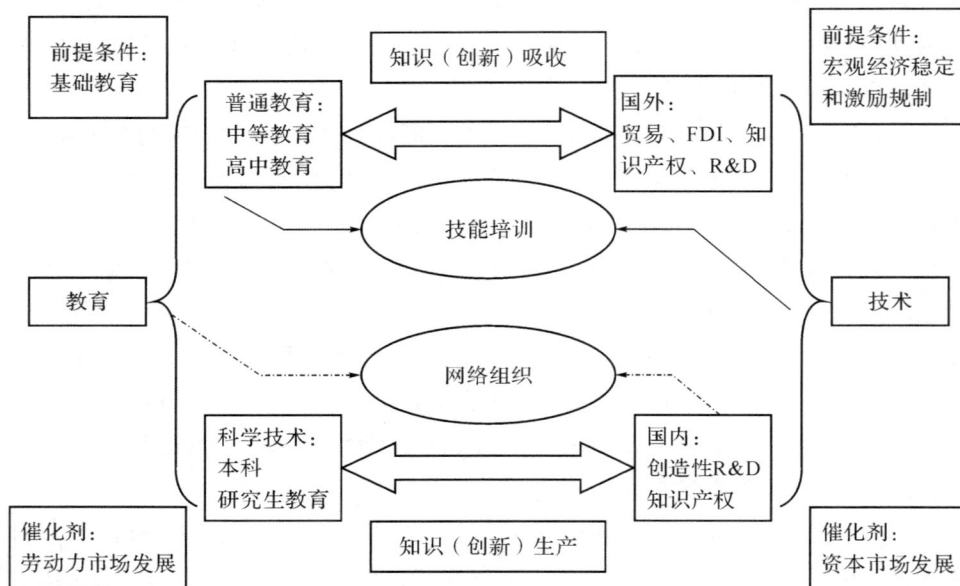

图1 知识（创新）系统结构简图

资料来源：Gill，Indermit，2002. "An Economic Approach to the 'Knowledge Economy'：Technology-Skill Complementarities and Their Implications for Productivity and Policy" World Bank，Washington，D.C. Processed.

图1描述了新知识或创新产生和吸收的过程或环境。图的左边是正规教育，包括从中等教育、高中教育到研究生教育，代表了一个国家或地区的人力资本积累。图的右边是国外技术传播的途径和促进采用、适应和创造新的组织、生产、市场的政策工具与制度（简称为"技术系统"）。基础教育和宏观经济稳定是可持续地应用、适应和创造新技术的前提。通过中等教育和高中教育获得的技术可以使企业以一种更有效的方式采用和适应现有的技术以及培训工人，而研究生教育使企业可以在科技和工程方面创新和开发新技术。

开放带来了国际贸易和外商直接投资（FDI），但更多的是带来了竞争压力，同时也创造了一个促进创新、培训和便利国外技术转移的环境。智力成果的注册和转化是技术转移的关键。政府精心设计的鼓励、支持培训和研发的政策（包括知识产权保护、税收优惠、竞争性配套补贴、信息通讯基础设施以及法律框架等），其目的是提供受过良好教育的技术工人和竞争性环境。由于培训和研发具有明显的外部性,只有政府的这些政策才能使它们达到社会最优状态。而规制管理良好的劳动力市场和资本市场是重要的催化剂。

此外,还要通过网络组织将同一地区内不同企业进行有效连接,以避免因协调和信息不对称带来的问题。通过建立这样一个整体系统,可以使整个社会从技术停滞落后的状态,经过个人和企业以技术升级、应用和适应新技术的方式吸收新知识,从而进入一个开发新技术和发展基础科学的知识创造阶段(David de Ferranti et al.,2003)。

科技研发活动(R&D)因其具有风险高、投入大、周期长和外溢明显等特点,具有公共产品的性质,在发展中国家,主要依靠政府补贴来引导或激励企业进行 R&D 活动和投入,以提高一国或地区的创新能力。研究结果表明,政府 R&D 投入在引导企业 R&D 投入、企业生产效率提高、区域创新能力改善等方面有明显的促进作用(Guellec,D. and V. B. Pottelsberghe,2004;朱平芳,徐伟民,2003;岳鹄,张宗益,2008;解维敏,唐清泉,陆姗姗,2009)。

FDI 能够使东道国的创新活动受益,其主要途径包括反向工程、技术工人的流动、示范效应和供应商—客户关系(Cheung Kui-yin and Ping Lin,2004)。FDI 的外溢效应并不是自发产生的,只有当某些条件得到满足时,FDI 的溢出效应才会对东道国的创新能力发展有促进作用。这些条件包括国内企业和区域的吸收能力(Nuno Crespo and Maria Paula Fontoura,2007),人力资本存量、本地企业促进技术转移的利益以及竞争环境(Magnus Blomström and Ari Kokko,2003);FDI 与正式制度之间也有密切的关系,已有研究发现一些特别的正式制度如商业部门私有化、金融部门的改革、汇率和贸易的自由化等对 FDI 有明显的影响(Alan Bevan,Saul Estrin and Klaus Meyer,2004)。而国内学者杨阳、姚利民(2009)分析了技术差距对 FDI 溢出效应的影响,发现技术差距对 FDI 的技术溢出效应存在门槛效应;吴一平(2008)研究了 FDI 与能源价格波动对区域创新能力的影响。在一项研究中很难包括影响 FDI 外溢效应的全部因素,所以研究结论有时会有较大差异。

已有研究成果还存在着如下缺陷,第一,只考虑了影响 FDI 溢出效应的部分因素,没有综合考虑整个外部环境对 FDI 溢出效应的影响;第二,对区域创新能力度量主要采用新产品销售收入占全部收入比重[①],而没有采用专利数量反映溢出效应对创

---

① 这一指标有两个缺陷。首先,企业为了获得政府对新产品的税收优惠,会虚报新产品销售收入;其次,它没有反映对现有产品生产工艺改进方面的创新(Cheung Kui-yin and Ping Lin,2004)。

新能力的影响;第三,较少考虑 R&D 投入与 FDI 溢出效应的相互作用,忽略了两者之间的交互项。本文将在借鉴已有研究成果的基础上,依据图 1 的内容,进行一定的修正。主要包括:①以政府在教育、R&D、劳动力市场建设、知识产权保护、基础设施建设等方面的投入作为这些因素的代理变量,综合研究这些因素对 FDI 溢出效应的影响以及它们对区域创新能力的共同作用,克服自变量不全面带来的误差;②以人均总专利数量以及不同类型专利授权数量作为因变量,从全国和不同区域两方面分别进行动态面板数据分析,采用系统广义矩(SYS-GMM)估计方法,克服回归方程中的内生性问题;③采用公共支出与 FDI 的交互项作为自变量,研究公共支出成分与 FDI 外溢效应的相互作用对不同专利类型的影响程度。

三、模型和数据说明

借鉴已有研究成果,根据前面的理论分析,我们建立以下回归方程,分析公共支出结构与 FDI 对区域创新能力发展的影响。主要从两个方面考虑公共支出结构与 FDI 对区域创新能力发展的影响,一方面主要分析创新的来源(R&D、FDI 和出口)与公共支出结构作为投入要素对区域创新能力的影响,也就是回归方程(1);另一方面主要考虑创新的来源(R&D、FDI 和出口)和 FDI 溢出效应(公共支出结构与 FDI 的相互作用)对区域创新能力的影响,即回归方程(2)。

$$\ln Patent_{it} = \beta_0 + \beta_1 \ln Patent_{t-1} + \beta_2 \ln PubR\&D_{it} + \beta_3 \ln PriR\&D_{it} + \beta_4 \ln FDI_{it}$$
$$+ \beta_5 \ln Pubedu_{it} + \beta_6 \ln Pubinfr_{it} + \beta_7 \ln Publab_{it} + \beta_8 ipr_{it} +$$
$$\beta_9 Expt_{it} + \varepsilon_{it} \tag{1}$$

$$\ln Patent_{it} = \beta_0 + \beta_1 \ln Patent_{t-1} + \beta_2 \ln PubR\&D_{it} + \beta_3 \ln PriR\&D_{it} + \beta_4 \ln FDI_{it}$$
$$+ \beta_5 Expt \sum \beta_n \ln comp_{nit} \times \ln FDI_{it} + \varepsilon_{it} \tag{2}$$

其中,i 表示全国(除西藏以外)的 31 个省区市,t 表示 2000—2011 年各年,β_i 表示各变量系数,其余各变量说明如下。

Patent:每万科技人员拥有的专利授权数量,我们又区分为专利授权合计数(topat)、发明专利授权数(inve)、实用新型授权专利数(util)和外观设计授权专利数(desi)。各年的专利授权数据来自《中国统计年鉴》,全国及各地区的科技人员数据来自《中国科技统计年鉴》。

PubR&D:每名科技人员占有公共投入的 R&D 资金,全国及各地区科技人员和公共部门 R&D 资金数据均来自各年《中国科技统计年鉴》。

PriR&D：每名科技人员人均拥有私人投入的 R&D 资金，全国及各地区科技人员和私人部门 R&D 资金数据均来自各年《中国科技统计年鉴》。

FDI：每名职工人均拥有的实际外商直接投资数量，用各地当年实际使用的外商直接投资数额除以当年当地的职工人数得到，FDI 数据来自各年《中国对外经济统计年鉴》，职工人数、美元兑人民币各年中间价均来自各年的《中国统计年鉴》。

Pubedu：各级教育生均预算内教育经费投入，用各地当年预算内教育经费总额除以当年全部在校生人数得到，预算内教育经费、各级教育在校生人数均来自各年《中国统计年鉴》。

Pubinfr：每名职工人均拥有的预算内固定资产投资额，用各地当年预算内固定资产投资额除以当地当年的职工人数得到，预算内固定资产投资额和职工人数均来自各年《中国统计年鉴》。

Publab：每名职工人均拥有的预算内社会保障和就业资金，用各地当年预算内社会保障和就业资金除以当地职工人数得到，这个指标主要用来作为各地劳动力市场规制管理、建设发展以及就业人员职业技能培训方面的代理变量，因为劳动力市场规制管理和建设发展以及就业人员职业技能培训是预算内社会保障和就业支出的重要内容之一，数据均来自各年《中国统计年鉴》。

Expt：人均货物出口金额，用各地当年货物出口总额除以当地职工人数得到，数据主要来源于各年《中国统计年鉴》。

Ipr：知识产权保护虚拟变量。由于中国知识产权局采取专利代理派出机构制，根据不同区域专利申请情况在不同城市设立专利代理派出机构，有的省份设有派出机构，而有的省份没有派出机构；同时，知识产权保护方面的预算经费也无法获得。所以，我们用专利法修正情况作为虚拟变量。《专利法》自颁布以来经历了三次修正，1992 年 9 月 4 日第一次修正，1993 年 1 月 1 日实施；2000 年 8 月 25 日第二次修正，2001 年 7 月 1 日起实施；2008 年 12 月 27 日第三次修正，2009 年 10 月 1 日起实施。由于我们考察的时间段是 2000—2008 年，所以我们以是否实施 2001 年新专利法为判断标准，设置虚拟变量，2000、2001 年为 0，2002—2008 年为 1。

主要解释变量的统计描述及其相关系数矩阵如表 1 所示。从表中的结果来看，FDI、pubinfr、publab、expt 等指标的标准误比较大，说明各地这些指标的平均程度较差。从各自变量与因变量的相关性来看，pubR&D、priR&D 和 expt 等自变量与因变量之间的相关性程度较高。

表 1　主要解释变量统计描述与相关系数矩阵

	lntopat	lnpubR&D	lnpriR&D	lnFDI	lnpubedu	lnpubinfr	lnpublab	ipr	lnexpt
Mean	5.7014	9.8583	9.8356	11.2037	7.3933	7.6021	6.6815	0.7778	11.8371
Std. Dev.	0.5928	0.8148	0.5674	1.4979	0.7362	1.5479	1.5500	0.4165	1.6436
Min	4.0500	7.7200	8.5400	0.0000	5.3100	4.5200	3.0600	0.0000	9.0223
Max	7.1600	11.3900	12.3800	13.9800	9.7500	10.6400	9.5400	1.0000	15.8190
lntopat	1.0000								
lnpubR&D	0.5256	1.0000							
lnpriR&D	0.5792	0.7012	1.0000						
lnFDI	0.4093	0.2985	0.3288	1.0000					
lnpubedu	0.4684	0.7000	0.6249	0.3438	1.0000				
lnpubinfr	0.1295	0.5359	0.1217	0.0728	0.4069	1.0000			
lnpublab	0.1922	0.6637	0.3494	0.1895	0.6046	0.7730	1.0000		
ipr	0.2141	0.7763	0.1165	0.1248	0.4436	0.6667	0.6948	1.0000	
lnexpt	0.6904	0.6375	0.6904	0.4284	0.7245	0.1642	0.2450	0.2688	1.0000

四、实证分析结果及说明

由于样本涉及的时间段较短($T=9$)，而区域数量较多($N=30$)，隐含着被解释变量滞后项与误差项之间存在相关性。为了获得各解释变量系数的一致性估计，我们将运用由 Arellano and Bover(1995)和 Blundell and Bond(1998)发展而来的系统 GMM 方法对回归方程(1)和(2)进行估计，这一计量方法可以克服该模型中各解释变量的内生性问题。

在 statal1.0 中，利用 xtabond2 进行系统 GMM 分析，回归分析结果分别见表 2。

表 2　公共支出结构、FDI 影响区域自主创新能力的实证分析结果(全国范围)

	topat		inve		util		desi	
	(1)	(2)	(1)	(2)	(1)	(2)	(1)	(2)
Lag. dep. Var.	0.7415* (58.17)	0.6159*** (16.40)	0.626*** (19.90)	0.5545*** (13.15)	0.718*** (78.82)	0.696*** (26.54)	0.860*** (62.19)	0.743*** (35.32)
pubR&D	0.745*** (19.25)	0.0515*** (4.64)	0.643*** (4.28)	-0.0453*** (-3.50)	0.7917*** (11.30)	0.0309** (2.20)	0.6969*** (8.06)	0.0003 (0.01)
priR&D	-0.6002*** (-20.76)		-0.5944*** (-4.73)		-0.6275*** (-12.78)		-0.5834*** (-7.93)	
FDI	0.0289*** (5.41)	L(1)0.018*** (5.69)	-0.0188*** (-2.99)	L(1)0.025*** (6.89)	0.0308*** (6.65)	L(1)0.022*** (9.65)	0.0091*** (3.05)	L(1)0.0098* (1.79)
pubedu	-0.1212*** (-4.51)	——	-0.2218*** (-4.64)	——	-0.1486*** (-4.53)	——	-0.0844*** (-3.38)	——
pubinfr	——		L(1)0.034*** (4.02)		-0.0284*** (-3.47)		——	
publab	0.0847*** (13.90)	——	0.1846*** (15.73)		0.1464*** (9.96)		0.0247* (1.84)	——
ipr	-1.0138*** (-20.07)		-0.7981*** (-3.40)		-1.133*** (-10.65)		-0.9352*** (-6.37)	
expt	0.0729*** (5.49)	0.0819*** (6.53)	0.1504*** (6.35)	0.2066*** (9.05)	0.0585*** (5.59)	0.0553*** (3.66)	0.0538*** (4.23)	0.0838*** (3.27)
pubR&D×FDI		0.0338*** (8.82)		-0.0107 (-1.56)		0.0334*** (9.77)		0.0589*** (6.22)
priR&D×FDI		-0.0306*** (-9.41)		0.0032 (0.58)		-0.0307*** (-10.06)		-0.0464*** (-5.88)
pubedu×FDI		-0.0025 (-1.14)		-0.0106*** (-4.94)		-0.0042** (-2.32)		-0.0093*** (-2.75)
pubinfr×FDI		0.0032*** (4.29)		0.0049*** (4.86)		0.0008 (1.51)		0.0024* (1.95)
publab×FDI		0.0004 (0.33)		0.0107*** (6.22)		0.0061*** (10.98)		0.0004 (-0.18)
ipr×FDI		-0.0476*** (-9.44)		0.0238** (2.24)		-0.0494* (-8.99)		-0.0782*** (-5.08)
Arellano-Bond test for AR(1)	-3.02 (p>0.003)	-2.78 (p>0.005)	-2.61 (p>0.009)	-2.87 (p>0.004)	-2.83 (p>0.005)	-2.76 (p>0.006)	-2.91 (p>0.004)	-2.89 (p>0.004)

续表

	topat		inve		util		desi	
	(1)	(2)	(1)	(2)	(1)	(2)	(1)	(2)
Arellano-Bond test for AR(2)	0.53 ($p>$0.599)	0.87 ($p>$0.384)	1.29 ($p>$0.198)	1.01 ($p>$0.314)	−0.18 ($p>$0.858)	−0.32 ($p>$0.746)	2.2 ($p>$0.028)	2.21 ($p>$0.027)
Sargan test	138.91	187.48	166.54	161.97	165.74	199.76	181.08	128.69
Hansen test	29.12	27.19	27.33	22.62	29.18	26.88	26.11	24.22

说明:系数下方括号中的数值是 t 值,*** 、** 、* 分别表示 1%、5%、10% 水平上显著;表中的 L(1) 表示各自变量滞后一期。

首先,单纯从作为投入要素方面分析,上一年自主创新能力对当年自主创新能力有明显的影响,影响程度平均达到 0.747,而且非常显著,说明区域自主创新能力具有显著的累积效应,这也是由自主创新活动的本质所决定的。预算内研发投入(pubR&D)对区域自主创新能力有明显促进作用(朱平芳,徐伟民,2003;岳鸪,张宗益,2008),这可能与目前我国的研发投入主要由大中型国有企业和科研院所承担、政府对区域自主创新能力发展发挥着重要的引导和激励作用有关。私人部门研发投入(priR&D)对促进区域自主创新能力的作用为负,而且统计上十分显著,这主要可能与企业研发投入量多面广、难以形成规模效应有关。FDI 对发明创新专利(inve)有轻微的阻碍作用,且统计上显著;而对专利总量(topat)、实用新型专利(util)和外观设计专利(desi)的发展有促进作用,虽然程度不大,但统计上很显著。预算内教育投入(pubedu)对区域创新能力有明显的阻碍作用,说明我国的教育在传统教育的基础上还需引进创新教育,发挥教育对原创性创新的基础作用。预算内基础设施投入(pubinfr)在滞后一年对发明创新专利(inve)有促进作用,但对专利授权总数、外观设计创新专利和实用新型专利影响不明显。预算内社会保障和就业支出(publab)对区域创新能力都有轻微的促进作用,统计上显著。而代表知识产权保护的《专利法》的修正(ipr)对区域创新能力都有一定程度的阻碍作用,这可能是由于 2001 年专利法的修正延长了实用新型、外观设计等专利的保密期限,加大了这些专利的垄断程度,减少了专利申请者继续创新的动力。货物出口(expt)对整个区域创新能力都有显著的促进作用。

其次,从公共支出各要素促进 FDI 外溢效应发挥的作用来看,区域自主创新能力还是具有显著的累积效应。全部研发投入(R&D=pubR&D+priR&D)滞后一期值对专利总量(topat)、实用新型专利(util)有明显的促进作用,对外观设计专利(desi)作用不明显,对发明创新专利(inve)有轻微阻碍作用。FDI滞后一期值对区域创新能力都有促进作用,影响的程度较小,但统计上显著。货物出口(expt)对区域创新能力都有很强的促进作用。预算内研发投入与FDI(pubR&D×FDI)对专利总量(topat)、实用新型(util)和外观设计创新(desi)有一定的促进作用,但对发明创新(inve)作用不显著;而私人部门研发投入与FDI(priR&D×FDI)的相互作用对专利总量(topat)、实用新型专利(util)和外观设计专利(desi)具有一定的负面影响,对发明创新专利(inve)影响不明显。其原因可能与公共研发投入与私人研发投入的企业所有制性质不同有关,公共研发投入主要由国有企业和科研院所承担,没有竞争压力,与低端FDI合作较多;而私人企业存在较大的市场竞争,为了抢占市场,私人企业都与高端FDI合作,以增强市场竞争力。当然,具体的分析还要结合利用FDI的企业所有制性质进行详细分析。预算内教育投入与FDI的交互项(pubedu×FDI)对当地创新能力发展有一定的阻碍作用,说明当地科研院所或高等学校与FDI企业合作的效果还很不明显。预算内基础设施投资与FDI(pubinfr×FDI)对区域创新能力发展有促进作用,但程度较弱,说明预算内基础设施投资对吸引FDI、促进FDI外溢效应发挥有积极作用。同样,预算内社会保障和就业支出与FDI(publab×FDI)对区域创新能力有一定的促进作用,说明我国的劳动力市场的建设和发展对促进FDI外溢效应发挥有一定的帮助。专利法修正与FDI(ipr×FDI)对专利总量(topat)、实用新型专利(util)和外观设计专利(desi)有一定的阻碍作用,对发明创新专利(inve)则有明显的促进作用,且统计上都很显著,说明2001年专利权修订促进了FDI增强区域原始创新能力的发展,这可能与新专利法延长对原创性发明创造保护的期限有关。

五、结论与启示

在综合考虑影响区域创新能力内因和外因的基础上,我们就公共支出与FDI对区域创新能力的影响进行了理论和实证分析,得出以下结论:①我国区域创新能力发展主要依靠其自身的累积效应,政府研发投入和货物出口是促进区域创新能力发展的重要因素;而企业研发对区域创新能力发展的影响还不显著。②FDI作为投入要素,对区域创新能力表现出明显的资本效应,对全国范围和中西部地区的区域创新能力都有一定的促进作用。③公共支出各成分中,预算内教育支出对区域创新都表现出一定的阻碍作用;预算内基础设施投资对发明创新专利有一定的促进作用,全国都是如此;预算内社会保障和就业支出对区域创新能力发展有明显促进作用,说明劳动力市场建设、人才流动对促进区域创新能力发展作用显著。④2001年专利法修正除对中西部地区的发明创新专利有促进作用外,对其他专利授权数作用不明显,说明不适当的知识产权保护制度对区域创新能力发展不利。⑤在促进FDI外溢效应发挥方面,预算内研发投入对FDI外溢效应有明显促进作用,尤其是中西部地区;预算内教育投入对FDI外溢效应的发挥有一定的阻碍作用;预算内基础设施投入对FDI外溢效应有明显促进作用,尤其是在东部地区;预算内社会保障和就业服务投入对FDI外溢效应有一定促进作用,尤其是在中西部地区;而专利制度改革对FDI外溢效应的促进作用主要表现在对我国发明创造方面,有利于FDI促进高端创新活动的开展。总体而言,目前政府增加区域研发投入、进行良好的基础设施建设以及对劳动力市场的有效规制是吸引FDI、促进FDI外溢效应发挥的重要因素。

创新是目前我国实现经济增长方式转变、节能减排、可持续发展的重要手段和途径,但从创新的三大源泉来看,政府研发投入和货物出口对区域创新能力有较大促进作用,而企业研发投入、FDI对区域创新能力的发展还不够显著。通过对影响区域创新能力内因和外因分析,我们认为,各地区在制定经济社会发展政策时,应在以下方面多做考虑。

首先,优化政府研发投入方式,政府除了直接投入研发活动外,更多地采用税收优惠、政府采购等方式,引导企业更多地投入研发活动,使企业成为研发活动的主体。

其次,优化教育支出结构,促进各级教育均衡发展,增加当地人力资本积累;在素质教育中增加创新教育内容,从学校开始培养学生的创新意识和创新能力;加强科研院所、高等院校与FDI企业的产学研合作,增加当地原创性发明创造等自主创新成果。

再次,加强全国范围的劳动力市场建设、严格执行劳动力市场准入制度、加强对务工人员的技能培训、提高整体劳动者技能水平,对于推动当地经济发展、提高区域创新能力有较大促进作用。

最后,对知识产权保护制度进行适当的机制设计,使得知识产权保护既能提高企业进行自主创新的积极性,又能消除因知识产权保护形成的垄断所带来的阻碍作用。

主要参考文献

1. Alan Bevan, Saul Estrin, Klaus Meyer. Foreign Investment Location and Institutional Development in Transition Economies. *International Business Review*, 2004(13):43-63.

2. Awokuse, T. O. and H. Yin. Intellectual Property Rights Protection and the Surge in FDI in China. *Journal of Comparative Economics*, 2010(38): 217-224.

3. Blomstrom, M. and A. Kokko. Human Capital and Inward FDI. *CEPR Working Paper*, 2003(167):1-26.

4. Buckley, P. J., Clegg, J., Wang, C. Is the Relationship Between Inward FDI and Spillover Effects Linear? An Empirical Examination of the Case of China. *Journal of International Business Studies*, 2007, 38(3):447-459.

5. Buckley, P. J., Clegg, J., Wang, C. The Impacts of FDI on the Performance of Chinese Manufacturing Firms. *Journal of International Business Studies*, 2002a, 33(4): 637-655.

6. Buckley, P. J., Clegg, J., Wang, C., Cross, A. Foreign Direct Investment, Regional Differences and Economic Growth: Panel Data Evidence from China. *Transnational Corporations*, 2002b,11(1):1-28.

7. Cheung, K.-y. and P. Lin. Spillover Effects of FDI on Innovation in China: Evidence from the Provincial Data. *China Economic Review*, 2004(15): 25-44.

8. Crespo, N. and M. P. Fontoura. Determinant Factors of FDI Spillovers – What Do We Really Know? *World Development*, 2007(35): 410-425.

9. Damijan, J. P., Knell, M., Majcen, B., Rojec, M. The Role of FDI, R&D Accumulation and Trade in Transferring Technology to Transition Countries: Evidence from Firm Panel Data for Eight Transition Countries. *Economic System*, 2003(27):189-204.

10. Falvey, R., Foster, N., Greenaway, D. Imports, Exports, Knowledge Spillovers and Growth. *Economics Letters*, 2004(85): 209-213.

11. Gao, T. Labor Quality and the Location of Foreign Direct Investment: Evidence from China. *China Economic Review*, 2005(16): 274-292.

12. Girma, S., Y. Gong, H. Gorg. What Determines Innovation Activity in Chinese State-Owned Enterprises? The Role of Foreign Direct Investment. *World Development*,2009(37): 866-873.

13. Javorcik, B. S. The Composition of Foreign Direct Investment and Protection of Intellectual Property Rights: Evidence from Transition Economies. *European Economic Review*, 2004(48): 39-62.

14. Kafouros，M. I.，Buckley，P. J. Under What Conditions Do Firms Bene't from the Research Efforts of Other Organizations? *Research Policy*，2008，37（2）：225-239.

15. Lipsey，R. and F. Sjoholm. Foreign Direct Investment，Education and Wages in Indonesian Manufacturing. *Journal of Development Economics*，2004（73）：415-422.

16. Luo，Y.，Q. Xue，B. Han. How Emerging Market Governments Promote Outward FDI：Experience from China. *Journal of World Business*，2010（45）：68-79.

17. Seyoum，B. and T. G. Manyak. The Impact of Public and Private Sector Transparency on Foreign Direct Investment in Developing Countries. *Critical Perspectives on International Business*，2009（5）：187-206.

18. Wang，C. and M. I. Kafouros. What Factors Determine Innovation Performance in Emerging Economies? Evidence from China. *International Business Review*，2009（18）：606-616.

19. 解维敏,唐清泉,陆姗姗. 政府 R&D 资助、企业 R&D 支出与自主创新. 金融研究,2009（6）：86—99.

20. 吴一平.外商直接投资、能源价格波动与区域自主创新能力.国际贸易问题,2008(11):85—91.

21. 杨阳,姚利民.技术差距对 FDI 技术溢出影响的门槛回归分析.北方经济（综合版）,2009(2):25—26.

22. 岳鹄,张宗益. R&D 投入、创新环境与区域创新能力关系研究：1997～2006.当代经济科学,2008(6):110—116.

23. 朱平芳,徐伟民. 政府的科技激励政策对大中型工业企业 R&D 投入及其专利产出的影响.经济研究,2003(6):45—54.

Public Expenditure, FDI and the Regional
Innovative Capacity Development

Abstract: The factors which influence of FDI on the regional innovative capacity are many. Different research methods and research angle have different conclusions. But the whole studies of FDI spillover effect on regional innovative capacity research are lack which based on external environment. This paper using different components of public expenditure as proxy variables of the external environment which effect FDI spillover, using panel data of every province in China during 2000— 2011, and using dynamic SYS-GMM, analysis the effects of different components of public expenditure, FDI and their interaction of them on FDI spillover. It finds that regional innovative capacity has the cumulative effect, public R&D inputs and export have obvious promoting role and FDI has capital effect on the regional innovative capacity. On promoting FDI spillover effect, public inputs on R&D, infrastructure and social security and employment have obvious promoting effect. Reform of intellect right protection fosters the original innovation such as invention in China.

Key words: Public Expenditure; FDI; Regional Innovative Capacity; Dynamic SYS-GMM

地方政府投融资平台风险的生成机理研究：
以杭州市为例*

◎张雷宝　冯　庆　邢雨挺

摘　要：在复杂的制度、政策和现实条件下，妖魔化地方融资平台固然不对，但放任地方融资平台的风险激增也隐患无穷。本文研究表明：在地方政府投资主导型经济发展模式下，地方财税体制的不规范和不成熟是地方融资平台风险产生的诱因，区域政绩竞赛是地方融资平台风险猛增的主因，银行竞争是地方融资平台风险扩大的"助推器"。当然，地方投融资平台自身缺陷及其监管不足也是其风险膨胀的重要原因。此外，基于杭州市 13 个区县（市）的调研表明，微观层面地方投融资平台职能越位、错位或缺位风险、地方投融资平台的"小马拉大车"风险、地方投融资平台面临的短期偿本付息风险、部分地方投融资平台的巨额存量债务风险、地方投融资平台内部的法人治理结构不健全风险等较为突出。最后本文指出，从未来改革大方向来看，防范和控制地方融资平台风险需要综合治理且标本兼治，构建适宜地方投融资平台的全面风险管理制度框架体系。

关键词：地方投融资平台；风险；生成机理

一、引　言

在我国，地方政府投融资平台发展是转轨经济阶段的产物，最早可追溯到 20 世纪 80 年代后期（米璨，2011）。作为具有深厚中国特色的财政经济现象，近年来中国地方政府投融资平台的快速发展及其风险的积聚扩张，不仅导致了政府高层的不安、担忧

---

　　*　张雷宝，浙江财经大学财政与公共管理学院，E-mail：la_bor@zufe.edu.cn。冯庆、邢雨挺，浙江财经大学财政与公共管理学院。本文是 2013 年度浙江省高校重大人文社科项目（2013GH006）的阶段性研究成果。

以及管制,也引发了国内外学者的关注和思考。

地方政府投融资平台风险的客观存在,既源自于其本身的"先天性缺陷",又与当前政府投融资平台公司面临的趋紧或从严的政策环境息息相关。从实践来看,地方政府投融资平台(以下简称"投融资平台公司")是指由地方政府及其部门和机构等通过财政拨款或注入土地、股权等资产而设立,从事政府指定或委托的公益性或准公益性项目的融资、投资、建设和运营,从而拥有独立法人资格的经济实体。从政策环境来看,2010年6月,中央政府提出要加强地方政府投融资平台公司管理,清理规范地方已经设立的投融资平台公司,主要内容是:①只承担公益性项目融资任务且主要依靠财政性资金偿还债务的投融资平台公司,今后不得再承担融资任务,相关地方政府要在明确还债责任,落实还款措施后,对公司做出妥善处理;②承担上述公益性项目融资任务,同时还承担公益性项目建设、运营任务的投融资平台公司,要在落实偿债责任和措施后剥离融资业务,不再保留融资平台职能;③承担有稳定经营性收入的公益性项目融资任务并主要依靠自身收益偿还债务的投融资平台公司,以及承担非公益性项目融资任务的投融资平台公司,要按照《中华人民共和国公司法》等有关规定,充实公司资本金,完善治理结构,实现商业运作;要通过引进民间投资等市场化途径,促进投资主体多元化,改善投融资平台公司的股权结构。此外,对其他兼有不同类型融资功能的投融资平台公司,也要按照上述原则进行清理规范。清理之后存续的第三类投融资平台公司的融资行为也要进一步规范,向银行业金融机构申请贷款须落实到项目,以项目法人公司作为承贷主体,并符合有关贷款条件的规定。融资项目必须符合国家宏观调控政策、发展规划、行业规划、产业政策、行业准入标准和土地利用总体规划等要求,同时投融资平台公司要按照国家有关规定履行项目审批、核准或备案手续;要严格按照规定用途使用资金,讲求效益并稳健经营。

值得指出,国家层面在对需求进行严格管理的同时,银行业监管部门也加强了对资金供给方的管理。2012年3月,中国银监会对平台贷款风险监管提出新举措,要求银行按照"保在建、压重建、控新建"的口径,坚持有保有压和结构调整,按照"支持类、维持类、压缩类"进行信贷分类管理,对向投融资平台公司融资量大的银行业金融机构等做出了约束性规定,要求按照"逐包打开、逐笔核对、重新评估、整改保全"的原则,及时采取补救措施,保证信贷资产安全,切实加强风险识别和风险管理,落实借款人准入条件,按商业化原则履行审批程序,审慎评估借款人财务能力和还款来源,有效防范投融资平台公司贷款风险。凡没有稳定现金流作为还款来源的,不得发放贷款。向融资平台公司新发贷款要直接对应项目,并严格执行国家有关项目资本金的规定,严格控制新增贷款业务的发生,严把入口关。要按照要求将符合抵质押条件的项目资产或项目预期收益等权利作为贷款担保。要认真审查贷款投向,确保贷款符合国家规划和产业发展政策要求。要加强贷后管理,加大监督和检查力度。适当提高融资平台公司贷款的风险权重,按照不同情况严格进行贷款质量分类。显然,金融政策对地方投融资平台的总体趋向是"从严"或"趋紧",在某种程度上加剧了地方投融资平台风险的显性化。

浙江是我国东部地区的典型样本,而东部地区又是我国地方政府投融资平台数量与债务风险最重要的分布区域。根据《2010 年中国区域金融运行报告》,截至 2010 年末东部地区地方政府投融资平台个数占我国全部地方政府融资平台总数的比重接近50%。这一比重与审计署公布的地方政府性债务余额区域分布情况大致相同。作为典型案例,浙江省各级地方政府投融资平台在刺激经济、保障民生以及推动区域社会事业快速发展过程中发挥了重要作用,但其导致的财政风险与金融风险也已引发社会各界的关注和担忧,需要各级地方政府居安思危和防患未然。调研资料显示,在地方政府缺失正常发债权的条件下,以地方融资平台为主要举债载体的地方政府债务规模普遍庞大且增长较快,地方政府的"债务财政"格局正在加深。尽管浙江省政府在全国较早地出台了《地方政府性债务管理实施暂行办法》(浙政办发〔2006〕6 号),但表 1 的数据依然彰显了浙江省各地市政府投融资平台债务规模增速及其引致的财政与金融风险积聚态势。

表 1 浙江省各地方政府性债务规模及其风险指标分析

地区	指标					
	政府性债务总额(亿元)	政府融资平台债务占政府债务比重(%)	政府性债务年增长率(%)	负债率(%)	债务率(%)	偿债率(%)
杭州市	496.21	70.84	38.38	9.73	37.2	9.29
宁波市	802.31	70.01	41.08	19.04	60.15	14.97
嘉兴市	388.23	79.13	37.60	20.23	317.26	——
湖州市	310.66	66.63	24.31	28.25	110.15	33.06
温州市	294.10	57.62	14.32	27.89	134.98	54.02
台州市	211.35	——	26.80	10.12	83.01	17.26

地区	指标					
	政府性债务总额（亿元）	政府融资平台债务占政府债务比重（%）	政府性债务年增长率（%）	负债率（%）	债务率（%）	偿债率（%）
丽水市	95.70	72.52	110.20	66.84	130.41	28.42
金华市	131.61	61.97	——	7.43	——	——
衢州市	87.74	45.29	32.19	14.21	65.19	19.04
舟山市	80.67	72.60	68.26	15.07	80.58	12.22

资料来源：大部分数据源自 2010 年浙江省人大政府性债务公告，部分地市指标根据有关调研数据进行测算，部分地市相关指标值因数据无法获取而缺失。

从现有统计资料和研究文献来看，不管按哪一种估计结果，近年来地方政府融资平台负债规模都远超当年地方财政收入总量，且远高于许多地方政府设定的 100% 风险控制临界值。刘士余(2013)在《守住不发生系统性区域性金融风险的底线》中指出，截至 2013 年 6 月末我国地方政府投融资平台债务余额为 9.7 万亿元，在当前地方财政收入增长减缓情况下偿债压力较大，因此，必须高度关注和积极应对经济金融运行中的潜在风险隐患和苗头性问题。警惕地方政府投融资平台风险已经形成共识(周小川，2010)，防控地方政府性债务风险也是中央经济工作会议确定的 2014 年六大重点任务之一。在此现实背景下，加强地方政府投融资平台风险及其预警机制研究就具有重要的现实意义。

二、地方投融资平台风险的生成机理：基于文献的梳理与剖析

地方政府投融资平台风险是"先天缺陷"和"后天失调"双重作用的必然结果。综合来看，我国地方政府投融资平台风险的凸显、积聚和扩散是国际和国内多重因素复杂交织的现实结果。

从发展历史来看，地方政府出于基础设施和城市建设需要而组建各类公司（通常冠以市政公司、城建公司、投资公司、开发公司等名称）的融资由来已久，但地方政府投融资平台的快速发展、"遍地开花"以及成为拉动国内投资需求的强劲力量，则受到了 2008 年 11 月以来国际金融危机这个"导火线"以及全国各地城镇化加速推进这个"催

化剂"的深度影响。为了应对国际金融危机对我国出口和消费的不利影响,自 1998 年之后我国于 2008 年 11 月再一次提出实施积极财政政策,并出台扩大内需 10 项措施。2009 年 3 月中国人民银行与中国银行业监督管理委员会联会发布《关于进一步加强信贷结构调整促进国民经济平稳较快发展的指导意见》,提出"支持有条件的地方政府组建投融资平台,发行企业债、中期票据等融资工具,拓宽中央政府投资项目的配套资金融资渠道"。事后证明,该官方文件对地方政府投融资平台的正式肯定和积极鼓励,满足了区域城镇化加速发展这个深层背景下滋生的内在需求,对地方政府投融资平台风险的快速集聚和扩散起到了至关重要的作用。正是在此背景下,全国各级地方政府借助投融资平台这个"中国特色"经济载体加大了投融资力度,从而导致地方政府投融资平台的数量和融资规模呈现飞速发展的趋势,更成为商业银行信贷资金投放的锁定目标,从而在短期内迅速引发了一定的地方财政风险和金融风险。按照中国银监会的统计资料,截至 2011 年 12 月底全国共有地方投融资平台 10000 多家,其中仍按照平台贷款管理的有 8000 多家。可以说,2008 年下半年以来各种地方政府投融资平台"遍地开花"、不少新的投融资工具(规范程度往往并不高)被大量创造出来,在很大程度上出现了国内媒体所称的"地方政府投融资的狂欢节"。

地方投融资平台风险与生俱来,并与地方投融资实体及其发展演变如影随形。从研究对象的界定来看,官方和学者之间存在差异,但探讨内容大致趋同而侧重点略有不同。根据《国务院关于加强地方政府融资平台公司管理有关问题的通知》(国发〔2010〕19 号),地方政府融资平台公司是由地方政府及其部门和机构等通过财政拨款或注入土地、股权等资产设立,承担政府投资项目融资功能,并拥有独立法人资格的经济实体。巴曙松(2009)则认为,地方政府融资平台实际上广泛包括地方政府组建的不同类型的城市建设投资公司、城建开发公司、城建资产经营公司等不同类型的公司,这些公司通过划拨土地等资产组建一个资产和现金流大致可以达到融资标准的公司,必要时再辅之以财政补贴等作为还款承诺,重点将融入的资金投入市政建设、公用事业等项目之中。曾康霖(2011)指出地方政府融资平台就是地方政府为当地公益事业和基础设施建设筹集资金而建立的融资组织。张雷宝(2010)则从地方投融资平台演变角度,将之相对划分为综合型、投资型、融资型等不同实体类型。不管如何界定其内涵和外延,地方城市建设投资公司等地方投融资平台已经成为"最为活跃、也是最引人注目、同时也是最值得关注的投融资主体"(巴曙松,2009)。

基于地方政府投融资平台自身的特殊身份及其承载的特殊职能,其引致的风险既与特定的财政体制、财政管理息息相关,也深受特定资本市场环境和金融管制政策的高度影响,更与地方政府的财政机会主义倾向密不可分。从国外研究来看,很少有文献对"地方政府投融资平台"这一具体的特色范畴进行研究,而是一些"城市基础设施、基础设施建设、公共产品筹资、政府负债与融资"等类似问题研究。自 Arrow(1971)对风险承担理论做了重要的基础性分析之后,Tiebout 模型(1956)以及 Oates(1972)的财政联邦主义理论,则表明财政分权下的地方政府之间的竞争其实是可以改进公共品供给效率的,因为当政府围绕资本品竞争时,资本存量的流动会给地方带来收入的增加,相应地也就为地方提供了税基。这可看作是地方政府投融资风险生成的重要基础理论支撑。世界银行高级经济学家 Hana Polackova Brixi(1998)在财政风险领域具有标志意义的《政府或有负债:一种对财政稳定性构成威胁的风险》中,提出了著名的"财政风险矩阵",其中的或有债务就包含了地方政府设立投融资机构引发的债务风险,并系统地论述了政府或有负债对财政稳定性的巨大冲击,但未涉及实证分析问题。21世纪以来以中国为代表的新兴国家各级政府债务问题越来越多地引发了国外学者的注意力。Galvo(2000)认为国内债券市场是新兴经济体国家和地区有效缓解外部融资"突然中断"的重要通道。Remy Prudhomme(2001)基于项目区分视角探讨了基础设施融资主体与渠道问题,认为城市基础设施的融资应区分可收费项目和不可收费项目,可收费项目的投资主体是受控公用事业公司或政府,资金来源有企业留存收益、借款、公债、股东和税收等;不可收费项目的投资者以政府为主体,可通过税收、借款和公债等渠道来融资。Roy Bahl(2001)从基础设施的功用角度讨论了地方政府为公共服务融资的问题,他们认为基础设施的服务特性决定了其融资渠道的选择。七国集团组织(G7,2007)肯定了债务市场对新兴市场国家的经济发展和金融稳定的作用。Buger & Warnock(2006)、Jeanne & Guscina(2006)、Cowan(2006)、Glaesens et al.(2007)、Panizza(2008)等学者都从不同角度对新兴市场国家公共债务的构成及其引发的可能风险进行了剖析。Arnaud Mehl、Julien Reynaud(2010)利用 33 个发展中国家1996—2008 年间的样本数据对各国和地区的公共债务构成及其风险来源做了实证研究,发现经济规模、投资者宽度、通货膨胀、财政健康等变量与公共债务风险大小相关。值得指出,William Easlerly(1999)从传统预算体制角度,阐述了世界各国地方政府较普遍存在的财政机会主义特征,指出地方政府在减少直接显性债务的同时,往往会通过一些准公共实体(即类似于中国的地方政府投融资平台)导致隐性债务的等量增加。

由于我国在财政体制上属行政集权下的财政联邦主义,在政绩合法性建设环境中,形成了强激励机制与软约束机制的制度安排,而地方政府融资平台的建设和发展正是这一制度安排下财政机会主义的产物。在国际金融危机背景下,中央政府的系列应对政策进一步加剧了原有制度安排的非均衡性,致使地方政府的财政机会主义泛滥,并在投融资平台的建设上出现"井喷",导致投融资平台风险凸现(路军伟、林细细,2010)。从财政机会主义视角,地方政府投融资平台的实质是充当了地方政府的"第三财政",其作用就是将政府拥有的公共资源中的资本存量部分转化为资本流量,从而解决政府资本性支出过程中的资金缺口问题(祝志勇、高扬志、卢存焦,2013)。在现行委托代理链条中,地方政府在通过投融资平台向银行贷款过程中逆向选择行为与道德风险行为明显以及地方政府行为边界不清,是导致地方政府投融资平台贷款风险形成的根本原因(毛建林,2011)。基于地方政府间政治锦标赛理论,中国地方官员不仅是"经济参与人",而且还是"政治参与人",从而必然导致一定的地方政府过度投资风险(周黎安,2007)。与此观点相一致,周雪光(2005)认为,政府官员关心的是他们在任期间的短期政绩,而对短期政绩的追求是导致突破预算约束的激励机制。当然,地方投融资平台是地方政府在财政机会主义倾向的直接或间接影响下的一种主动策略行为,但在特定的财政金融体制环境中,这种财政机会主义策略行为可能多少带有某种被动或逼迫的特征。例如,自 1994 年我国实行分税制财政体制以来,财权不断上移和事权不断下沉的"双重逼迫",加上《预算法》第 28 条的硬约束,导致地方政府存在"土地财政"和"债务财政"双重冲动,形成地方投融资平台与"土地财政"互为助推器格局,无疑与我国现有财政体制和政府体制缺陷有关(冯兴元,2010)。从金融角度,地方投融资平台风险是我国投融资体制创新的一次尝试,跟金融管制放松以及金融业务结构性错配有关(中国人民银行、中国银监会,2009;魏加宁,2010)。由于地方政府财力与城镇化加速发展引致的基础设施增长需求不相适应,在单靠内部融资(如提高税率、增加税收以及发行债券等)无法弥补资金缺口的情况下,就只能依靠外部融资并带来潜在风险,这种"旁门左道"在某种程度上是"逼"出来的一种创新(刘尚希,2010)。从法律的角度,地方政府融资平台风险日益积累背后存在着深层次的法律原因,即政府还贷模式得到法律认可为融资平台产生提供了前提,法律禁止地方政府发债和贷款促生了公司制融资平台,政府担保及其责任后果缺少问责使融资平台成为融资市场中的"宠儿"(刘亚莉,2011)。基于多因素分析,陈伟、陈赟(2011)则认为现行干部考核制度、政府与银行间"亲密"关系和地价的持续快速上涨是地方政府投融资平台风险快速生成的主要原因。从体制根源追溯,"唯 GDP 论英雄"式的官员考核机制对地方政府投融资行为的扭曲效应既客观存在,也不容低估(祝志勇、高扬,2010;梅建明、詹婷,2011)。从制度性根源来看,地方政府投融资平台风险主要源于分税制下中央与地方财权与事权的不对称、国有资产三级授权经营制度、内部治理制度及外部监管制度的不健全(瞿定远,2012)。在预算软约束的条件下,地方政府往往有过度融资的倾向,在目前相对宽松的信贷政策的鼓励下,我国地方政府更是积极发挥地方投融资平台的融资功能,通过贷款发行企业债券等形式快速融资,地方政府对政策的运行风险逐渐受到关注(马海涛、秦强,2010)。此外,旧体制下的国有企业职能转变不到位、行政管理体制改革较滞后、地方政府之间的攀比效应等也被认为是生成地方投融资风险的重要原因(米璨,2011)。

经文献梳理不难发现,在地方政府投资主导型经济发展模式下,城市基础设施建设滞后催生了大量财政投资需求,财政体制的不健全和不完善加剧了地方财政资金的缺口困境,地方国有企业的随意设立提供了操作可能,银行部门为给"沉积货币"寻求出路而有意无意放松风险监管,国际金融危机下经济环境的恶化使得中央政府对地方投融资平台模式"开绿灯"或"放行",多种合力共同导致了地方投融资平台风险的生成和扩散。从地方融资平台风险的形成机理来看(如图1所示),地方融资平台风险首先由平台公司自身经营风险引起,而平台经营公司风险本身又由偿债来源风险、违规挪用风险、法人治理公司、期限结构风险、项目产出风险等风险源构成。在此基础上,平台公司风险会引发金融运行风险(即银行呆坏账风险),由于地方财政是地方融资平台风险的最后承担者,相应的金融风险必然会转化为地方财政风险。考虑到地方融资平台风险的巨大性、隐蔽性(即不公开透明性)、普遍性及其复杂关联性,这种风险就具备一些系统性风险的基本特征。例如,一旦中国宏观经济形势发生重大变化,尤其是房

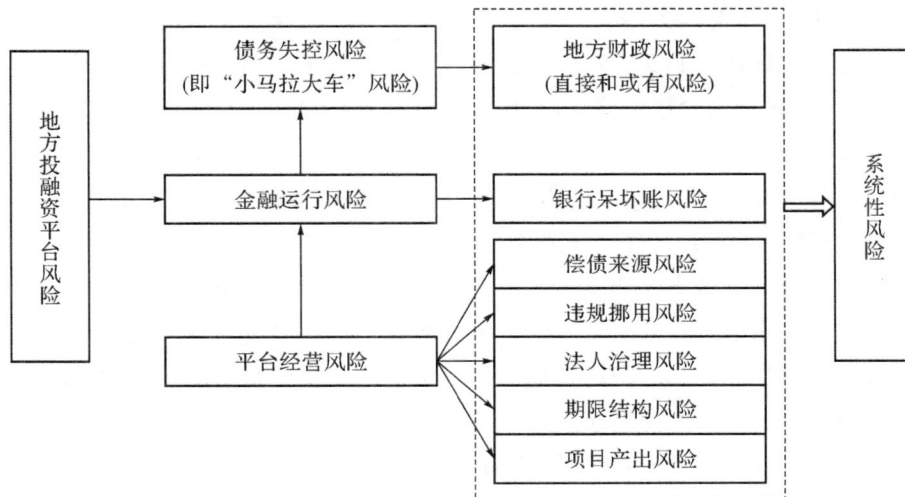

图1 地方融资平台风险构成及其传递路径机制

地产价格以及相应的土地出让收入出现大跌,地方政府融资平台所蕴藏的地方财政与金融等各种风险就会真正"浮出水面"。显然,地方政府投融资平台风险影响因素具有多维性、潜伏性、隐蔽性以及传导性等特征,其风险背后的制度性根源需要关注和破解。

概括起来,地方融资平台风险的产生有一定的现实必然性,主要成因有:①地方财税体制的不规范和不成熟是地方融资平台风险产生的诱因。1994年中国分税制财税体制改革使得中央财政收入的比重不断提高,但财权上收和事权下放的倾向则使得地方财政日益捉襟见肘。由于地方政府事权较多,但财源有限,《预算法》又不允许地方政府公开举债,因此,地方政府只好成立地方投融资平台,进行了投融资体系的探索与创新,通过向银行贷款进行融资,并在贷款的过程中提供各种形式的担保,从而导致地方融资平台风险快速聚集。②区域政绩竞赛是地方融资平台风险猛增的主因。在我国,地方官员政绩竞赛的核心往往是区域 GDP 增长速度的快慢,而 GDP 增长变化情况对地方官员的职位保留及其升迁影响较大。不难发现,投资特别是地方政府投资是短期内刺激区域 GDP 增长的最有力和最常用政策工具,而地方官员政绩考核制度环境的激励和刺激强化了地方融资平台对投融资风险增长机制。③银行竞争是地方融资平台风险扩大的"助推器"。客观上讲,地方政府融资平台比较特殊,具有"准财政"的性质,其承贷主体、用款主体和还款主体往往不一致,这易于导致银行对资金使用的监管存在盲区。许多地方的商业银行为了争取地方政府投资项目,在地方政府支持或担保的情况下,往往对地方融资平台公司的各种项目还贷风险情况要么掌握信息有限,要么"睁一只眼闭一只眼"视而不见,导致地方融资平台债务风险迅速放大。可以说,银行业金融机构风险意识薄弱,对地方融资平台公司信贷管理缺失也是一个重要原因。④平台自身缺陷及其监管不足也是地方融资平台风险膨胀的重要原因。地方融资平台的自身缺陷包括"先天性不足"和"后天性失调"两种,前者是指平台公司及其业务的泛化(即没有实质项目支撑纯粹为从商业银行贷款而凭空拼凑一个平台),后者是指平台公司成立后资本金严重不足、平台资金随意挪用和滥用、治理结构混乱(如平台公司高管人员由地方行政官员转行任职或兼任)等。事实上,许多地方政府由于投融资业务摊子铺得较大,拥有数十家平台公司,但地方政府财力有限,于是就"撒胡椒面",导致单个平台的资本金严重不足,使得平台自身的抗风险能力降低,再加上对平台公司举债行为和投资活动监管不力,往往导致地方融资平台的风险不断聚集。当然,不同地区的融资平台公司素质与监管水平往往存有差异,从而也导致不同地区的融资平台风险程度会有所不同。

三、基于微观视角的杭州市地方投融资平台现状及其风险问题

在专题调研中发现,中央政府关于加强地方政府投融资平台公司管理的规定(其核心特征是"清理"和"规范"),已对杭州市区县(市)政府投融资平台公司带来了较大的压力。根据杭州市 13 个区县(市)财政局(国资办)配合完成的《区县(市)国有投融资平台公司基本情况表》《区县(市)国有投融资平台公司政府出资情况表》《区县(市)国有投融资平台公司筹资情况表》《区县(市)政府(包括下属企事业单位)为投融资平台公司担保情况表》及问卷调查表,杭州市区县(市)国有投融资平台公司的基本现状如下:

杭州市 13 个区县(市)共有政府投融资平台公司 61 家。根据 2011 年底数据统计,总资产 1495.6 亿元,总负债 848.6 亿元,资产负债率 56.7%。筹资总额 465.4 亿元,其中:发行债券 41.1 亿元,占筹资总额的 8.8%;银行贷款 415.2 亿元,占筹资总额的 89.2%;其他融资 9.31 亿元,占筹资总额的 2.0%。

从总资产规模看(见图 2),61 家政府投融资平台公司中,总资产 50 亿元(含)以上的 11 家,占平台公司总数的 18%;总资产 30 亿元(含)以上 50 亿元(不含)以下的 6 家,占平台公司总数的 9.8%;总资产 10 亿元(含)以上 30 亿元(不含)以下的 17 家,占平台公司总数的 27.9%;总资产 10 亿元(不含)以下的 27 家,占平台公司总数的 44.3%。

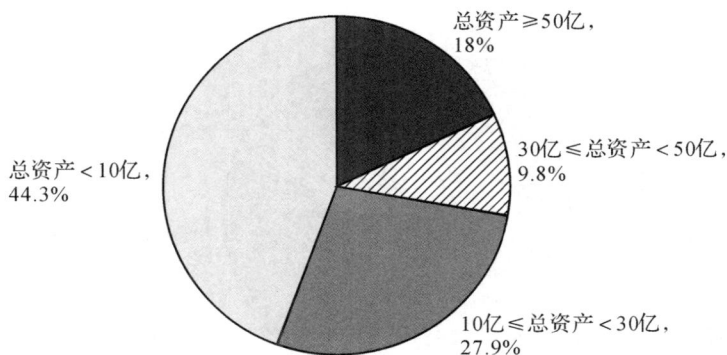

图 2　杭州市 61 家投融资平台公司的资产规模统计

从主营业务收入指标看(见图 3),61 家政府投融资平台公司中,年主营业务收入

10 亿元(含)以上的 3 家,占平台公司总数的 4.9%;5 亿元(含)以上 10 亿元(不含)以下的 1 家,占平台公司总数的 1.7%;1 亿元(含)以上 5 亿元(不含)以下的 6 家,占平台公司总数的 9.8%;5000 万元(含)以上 1 亿元(不含)以下的 7 家,占平台公司总数的 11.5%;0 元(含)以上 5000 万元以下的 44 家,占平台公司总数的 72.1%。

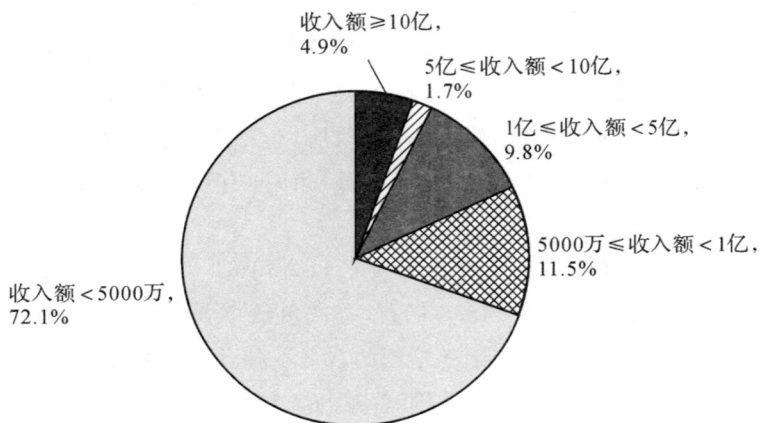

图 3 杭州市 61 家地方投融资平台公司的主营业务收入情况

从资产负债率指标分析看(见图 4),在杭州市 61 家地方投融资平台公司中,7 家资产负债率达 90% 以上;5 家资产负债率在 80%～90% 之间;12 家资产负债率在 70%～80% 之间;37 家资产负债率在 70% 以下。

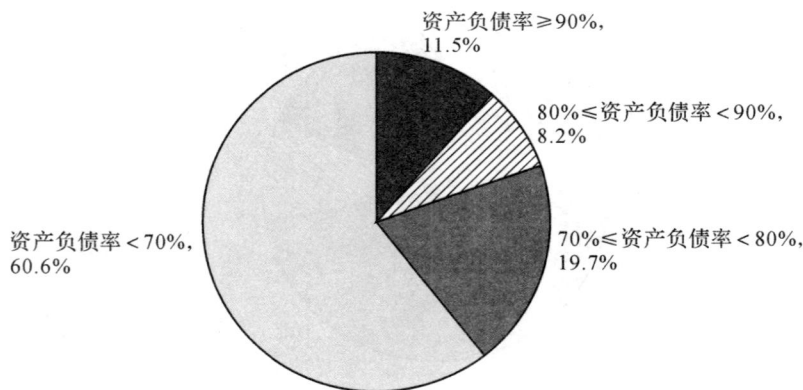

图 4 杭州市 61 家地方投融资平台公司的资产负债率

从利润指标分析与比较看(见图 5),61 家地方投融资平台公司中,利润总额 5 亿元(含)以上的 3 家,占平台公司总数的 4.9%;利润总额在 1 亿元以上 5 亿元(不含)以下的 6 家,占平台公司总数的 9.8%;利润总额在 1000 万元以上 1 亿元(不含)以下的 9 家,占平台公司总数的 14.8%;利润总额在 0 元以上 1000 万元(不含)以下的 21 家,占平台公司总数的 34.5%;亏损的 22 家,占平台公司总数的 36%。

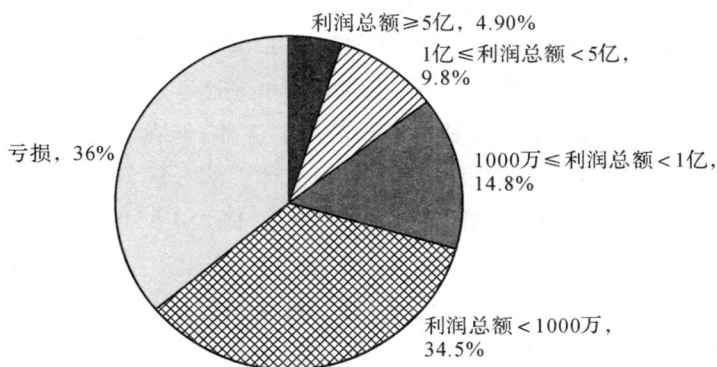

图 5　杭州市 61 家地方投融资平台公司的利润额指标分析

从地方投融资平台的出资情况剖析(见图 6),在杭州,61 家地方投融资平台公司中区县(市)政府共出资 1544132.7 万元,其中财政资金 1046312.6 万元,占出资总额的 68%;土地划拨 91858 万元,占出资总额的 6%;股权划拨 48008.48 万元,占出资总额的 3%;其他出资 355275.06 万元,占出资总额的 23%。

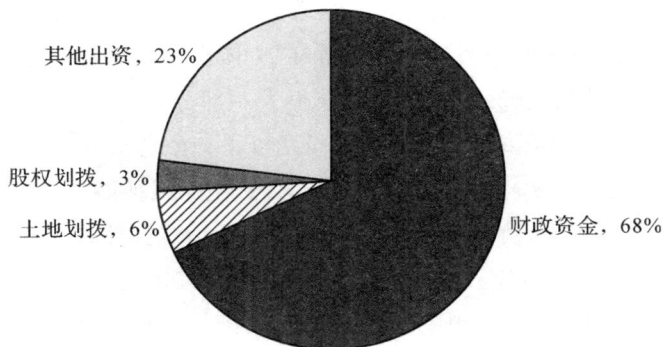

图 6　地方投融资平台公司的出资情况分析

最后,从筹资指标情况来看,2011 年底 61 家政府投融资平台公司共筹资 4636972

万元,其中,发行债券 356800 万元,约占筹资总额的 8%;银行贷款 4179872 万元,约占筹资总额的 90%;银信政理财产品 62300 万元,约占出资总额的 1%;其他筹资 38000 万元,约占筹资总额的 1%。

总体来看,杭州市地方投融资平台面临的主要风险有:

1. 地方投融资平台职能越位、错位或缺位风险

杭州市各区县(市)地方政府辖内包括多家投融资平台,各个投融资平台承担着不同行业和不同层级的投融资职能。从组织架构上看,有的以实体公司的形式注册登记定位为企业;有的以指挥部的形式出现,通过投资和持股等方式为项目提供权益资本,不论以何种形式出现,其本质规定是作为政府投资主体,但在实际运作上难以区分究竟是政府的一个职能"部门"还是完全市场化的主体。部分区县(市)未能对辖内投融资平台对外融资进行统一的归口管理;部分区县(市)既没有对国有投资公司的经营目标和业务范围进行确定,也没有对其经营发展模式、融资渠道进行确定,还存在政府作为投资出资人对于平台公司的总体负债规模控制在一个什么样的水平并没有进行系统全面的安排的现象,导致政府投融资平台公司在实际运作中存在越位、错位或缺位风险。

2. 地方投融资平台的"小马拉大车"风险

在 61 家投融资平台公司中,72%的投融资平台公司总资产规模在 30 亿元以下,资产规模偏小。近几年来,杭州市各区县(市)重大政府性投资建设项目推进力度不断加大,投资数额巨大,投融资平台公司承担的重大基础设施投资建设项目多,资金需求量大,需要长期、稳定的资金来源。但随着国家对投融资平台公司清理规范力度的加大,再加上国家宏观调控、金融信贷等一系列政策的实施,政府类投资建设项目的融资难度不断增加。投融资平台公司资金主要通过"负债投入基础设施建设—土地升值—土地出让—收益还贷"的模式运作,建设资金很大一部分通过银行贷款解决。按照清理规范投融资平台公司的要求,金融机构对投融资平台公司贷款审批和后续监管的要求更高、更严,在融资项目审批条件、还贷资金来源、担保抵押措施、资金按规定用途使用等方面的管理更加严格,使平台公司的投融资愈发困难。此外,由于杭州市各区县(市)经济发展并不平衡,部分县(市)(如淳安县)还属欠发达地区,经济基础差、底子薄,地方财力十分有限,资金筹措压力巨大;部分经济较发达的区县(市),由于城市发展的需要,市政等基础设施扩张迅速,投资急速扩大需要相应的巨额资金作支持,要求地方政府承担的项目资本金或地方配套资金不断增加,目前通过地方财力安排和发行地方政府债券等方式筹措了相当部分投资建设资金,但是资金缺口仍然较大。此外,

投融资平台公司承担的部分公益性项目,主要体现政府责任和社会效益,项目本身的预期收益较差,偿债资金来源不足,进一步增加了融资平台公司"小马拉大车"引致的筹资风险。

3.地方投融资平台面临的短期偿本付息风险

从专题调研来看,区县(市)融资平台公司大部分承担区县公益性项目,一方面由于主要体现政府责任和社会效益,其项目本身的预期收益差;另一方面,在"负债投入基础设施建设—土地升值—土地出让—收益还贷"的运作模式下,资金筹集、还贷很大程度上受到土地出让价格收入的制约。前几年经济繁荣时期,土地资产价格的上升引发部分区县(市)过度借债,近几年经济增速放缓、土地和房产价格产生波动,部分区县(市)土地出让收入大幅下降,甚至出现连续10多个月没有一块土地出让的现象,很大程度上导致投融资平台公司到期贷款急剧增加,利息负担和还贷压力加大。偿还资金来源不足,借新还旧的筹资方式难以继续,进一步增加了融资平台公司的资金压力。例如,某区属国有企业2012年到期贷款总额为58.24亿元,由于受土地一级市场影响,企业大量资金以存货和应收账款等形式沉淀下来,未能有效地形成现金流入,企业经营现金流压力和还贷压力大大增加。

4.部分地方投融资平台的巨额存量债务风险

经过近几年的持续努力,区县(市)级融资平台公司加大控制政府性债务规模力度,61家平台公司中37家资产负债率在70%以下,整体资产负债率处于较合理水平。但部分融资平台公司资产负债率仍然较高,资产负债结构不够合理,部分融资平台公司资产负债率偏高,61家平台公司中,有24家资产负债率在70%以上,其中有7家资产负债率高达90%以上,隐含着较大的债务风险。此外,从地方投融资平台的债务收支计划执行来看,诸多不确定性导致的风险也较大。近年来,杭州各区县(市)逐步加强融资平台公司债务收支计划管理,建立了融资平台公司编制、主管部门审核、财政和国资部门核定、区县(市)政府常务会议审议通过后执行的债务收支计划编制流程,对加强债务收支计划管理起到了积极的作用。但在实际执行过程中,一是由于融资平台公司土地资产的会计核算制度不够完善,土地投资开发形成的收益归属不明确,影响了融资平台公司偿债资金筹措;二是政府性投资建设项目计划难以确定,以此为基础编制的债务收支计划也具有较大的不确定性;三是计划执行过程中会有许多不确定因素,存在计划执行过程中的风险突变情形。

5.地方投融资平台内部的法人治理结构不健全风险

例如,部分区县(市)政府投融资平台公司,由政府以指挥部形式搭建,主要负责人由政府或相关部门领导兼任,受政府委托从事开发、建设等任务;部分以实体公司注册登记形式的投融资平台公司,也实行"一套人马、两块牌子"的体制,既作为投融资平台为政府建设项目进行投融资,又行使部分政府城建资金的筹集、管理职能,政企不分、政事不分。从调查情况看,区县(市)投融资平台公司在建立现代企业制度、严格法人治理方面仍是任重道远。①董监事缺员现象普遍,部分投融资平台公司虽建立了监事会,但存在监事会主席缺员、管理制度不健全现象,监事会工作机制尚未健全;②由于受公务员不能到企业兼职等组织条例限制,部分区县(市)投融资平台公司董事长、法人代表由国资办派出的事业编制人员或职工兼任,而投融资平台公司主要决策仍由单位行政领导做出,存在"董事、监事不管事"的现象;③由行业主管部门和国资办派出兼职的董、监事会成员,因工作精力、专业知识、对企业情况熟悉程度、实际工作经验等原因,加上信息不对称等因素,在履行参与重大决策和监管职责方面,作用发挥不够明显。从改革的大方向来看,必须建立健全权力决策机构(董事会)、监督机构(监事会)和经营管理者之间的各负其责、顺畅运转的高效制衡机制。

四、主要结论与启示

在复杂的制度、政策和现实条件下,妖魔化地方融资平台固然不对,但放任地方融资平台的风险激增也隐患无穷。本文研究表明:①在地方政府投资主导型经济发展模式下,地方财税体制的不规范和不成熟是地方融资平台风险产生的诱因,区域政绩竞赛是地方融资平台风险猛增的主因,银行竞争是地方融资平台风险扩大的"助推器"。当然,地方投融资平台自身缺陷及其监管不足也是其风险膨胀的重要原因。②基于杭州市13个区县(市)的调研表明,微观层面地方投融资平台职能越位、错位或缺位风险、地方投融资平台的"小马拉大车"风险、地方投融资平台面临的短期偿本付息风险、部分地方投融资平台的巨额存量债务风险、地方投融资平台内部的法人治理结构不健全风险等较为突出。③如何发挥平台公司向市场融资的作用特别是直接融资作用,支持地方经济社会发展;如何规范投融资平台公司管理、规避风险,更好地为区县(市)经济社会发展提供资金保障,已成为一个迫切需要加以研究的现实问题。

从未来改革方向来看,防范和控制地方融资平台风险需要综合治理且标本兼治,相关的风险防范举措也须不断跟进且执行到位,并从目标体系设定、风险要素整合、信息系统建设、内部环境支持等方面,构建适宜地方投融资平台的"四位一体"全面风险管理制度框架体系。应指出的是,为保证地方融资平台债务风险处于可控范围,就必须提高地方政府融资平台债务信息的透明度。地方政府债务融资信息构成比较复杂，尤其是各类隐性债务的存在，使得地方政府的实际债务率要高于表现出来的负债水平，这显然不利于控制地方债务风险。因此，需要建立起更为健全的地方政府信息披露制度，按时披露地方政府的资产负债表，让有关部门能够更好地把握地方政府的债务水平以及变化情况，从而为建立风险预警机制铺平道路。实践中，根据《国务院关于加强地方政府融资平台公司管理有关问题的通知》(国发〔2010〕19号)，地方各级政府应对融资平台公司债务进行一次全面和深入的清理。在清理的基础上，地方政府应对各自融资平台的资本金状况、负债规模水平、项目承建情况、项目贷款情况、项目担保情况以及贷款资金使用情况等，予以及时、全面的披露，主动接受社会公众的监督。最后应指出，风险管理是现代企业基础管理活动的重要内容，投融资平台公司也要遵循投融资风险控制理念，建立完备的风险控制机制，最终采用并形成科学的投融资风险控制评价指标体系。

主要参考文献

1. 樊丽明，黄春蕾，李齐云，等. 中国地方政府债务管理研究. 北京：经济科学出版社，2006.

2. 周黎安. 中国地方官员的晋升锦标赛模式研究. 经济研究，2007(7).

3. 朱宏春. 高度关注政府投融资平台固定资产贷款风险. 农村金融研究，2009(12).

4. 贾康，刘薇. 金融危机后的中国财政政策. 中国发展观察，2010(4).

5. 冯兴元. 土地财政、地方政府融资平台与规则. 中国农村经济，2010(10).

6. 刘尚希. 政府融资平台：被逼出的"旁门左道"? 人民论坛，2010(1).

7. 李勇. 我国地方政府融资平台的规范与思考. 行政管理改革，2010(11).

8. 刘煜辉. 高度关注地方投融资平台宏观风险. 中国金融，2010(5).

9. 马海涛，秦强. 完善制度建设，加强政府投融资平台管理. 经济与管理研究，2010(1).

10. 周小川. 地方政府融资平台还款能力或致一定风险. 第一财经日报，2010-01-08.

11. 封北麟. 地方政府投融平台的财政风险研究. 金融与经济，2010(5).

12. 路军伟. 中国地方政府投融资平台风险及其防范. 浙江社会科学，2010(4).

13. 米璨. 我国地方政府投融资平台产生的理论基础与动因. 管理世界，2011(3).

14. 刘尚希. 地方政府投融资平台：风险控制机制研究. 经济研究参考，2011(10).

15. 梅建明，詹婷. 地方政府融资平台债务风险与阳光融资制度之构建. 中南民族大学学报(人文社会科学版),2011(7).

16. 周孝华,周青. 地方政府投融资平台风险管理. 北京:经济管理出版社,2012.

17. 周沅帆. 我国地方政府投融资平台资金来源及偿债能力研究. 金融监管研究,2012(5).

18. 张洋洋,曹国华. 地方投融资平台风险预警系统的构建及其实证研究. 当代经济,2012(10).

19. 瞿定远. 中国地方政府投融资平台风险研究. 华中科技大学博士论文,2012.

20. 张智威. 地方政府融资平台总债务约 19 万亿 明年或出违约个案. 财经,2013(10).

21. 温来成,苏超. 地方政府投融资平台整合前景及对策研究. 财贸经济,2013(5).

22. 刘士余. 守住不发生系统性区域性金融风险的底线. 求是,2013(23).

On the Generation Mechanism of Risk about Local Government Investment & Financing Platform：The Case of Hangzhou

Abstract：This research paper investigates the generation mechanism of risk about loval government investment and financing platform in China. The findings show that：In the local government investment-led economic development model，non-standard and immature local taxation system induce the risk of local financing platform，the booming of the risk is mainly caused by regional political competition，and banking competition is a "booster" to expanding that risk. Besides，the self-weaknesses and the loose regulation of local financing platform also should take the responsibility for relevant risks. Based on the research of Hangzhou's 15 districts，we find more evidence that can proof the generation mechanism is very complex and compositive.

Key words：Local Investment & Financing Platform；Risk；Generation Mechanism

新型城镇化、住房保障与财政支出责任划分
——基于中央与地方政府间的博弈分析*

◎童幼雏

摘　要:新型城镇化过程中最为关键的问题是如何让农业转移人口真正实现市民化,确保在教育、医疗、社保、住房等方面给予公平的市民待遇。虽然这些产品需要政府与市场共同承担,但无论是对于新市民们还是对于政府来说,压力都是巨大的。本文主要就住房保障的财政供给问题,基于中央与地方政府间的博弈分析展开相关探讨,得出若不改变中央对地方政府考核机制,就无法有效激励地方政府执行住房保障建设的结论,进而为我国财政体制的进一步改革中保障性住房建设的支出责任划分提供相关的实证支撑。

关键词:新型城镇化;住房保障;财政支出;责任划分;不完全信息;动态博弈

一、引　言

我国城镇化率①水平已经从 1978 年的 17.9% 提升到 2013 年 53.7%,与世界平均城市化率逐步趋同。这不仅标志着我国人口结构、社会结构实现了历史性转变,更表明我国城镇化进程迈入了关键时期。城镇化是我国经济社会发展的必然趋势,是现代化的重要标志,也将是我国今后相当一段时期内支撑国民经济发展的一个重要内容。当前所谓的城镇化,必然是新型城镇化,即以人为本的城镇化,应从人居环境、社会保障、生活方式、产业支撑等多个方面真正实现由乡村到城镇的根本性转变。在这

---

　*　童幼雏,浙江财经大学财政与公共管理学院,E-mail:youchu@zufe.edu.cn。

　①　城镇化率,用城市人口和镇驻地聚集区人口占全部人口的比重衡量,以反映人口向城市聚集的过程和聚集程度。相应的人口数据均用常住人口而非户籍人口数。

个过程中最为关键的是,如何让农业转移人口真正地实现市民化,使之在衣食住行、生老病死、教育就业等最基本的生存权方面与原城镇居民享受相同的保障。

我国在城镇务工的农民工数量究竟有多少? 薛翠翠等(2013)在评述中给出的答案是当前存量 1.6 亿人,且在未来 10 年内还将有 2 亿农民进入城镇。要使近 4 亿的农民工成为城镇的新主人,使他们和原城镇居民享受同样的公共服务,至少需要增加 40 万亿元的投资。那么他们的教育、医疗、社保、住房又该由谁来保障? 由于这些都不是纯公共产品,其不完全排他性和不完全竞争性决定了需要由政府和市场共同承担。纵然如此,这也会给政府及其财政带来巨大的挑战。而在这其中,相比而言最大的负担当属住房。因此本文主要就住房保障的财政供给问题,基于中央与地方政府间的博弈分析展开探讨。

二、相关文献综述

国外关于低收入者住房问题的研究比较多,主要是围绕住房政策、住房保障模式和水平、政府责任、项目融资等方面的内容展开。Harsman、Quigley(1991)认为,工业化社会中住房政策的基础是效率、公平性和社会政治性。住房政策是福利国家公共福利政策的一部分,为了便于研究,G. Esping-Andersen(1990)将欧美国家划分为三种福利国家基本模型,即自由福利国家(liberal welfare states)、保守的合作主义福利国家(conservative-corporatist welfare states)和社会民主福利国家(social-democratic welfare states)。另外,Barlow、Duncan(1994)又在 G. Esping-Andersen 的理论基础上增加了一种初级福利国家。Malpass、Murie(1994)认为住房政策从操作过程上看,可以理解为形成某种变化的过程。这种变化指针对一定预期目标而有计划的行动。对于住房的分配,O'Sullivan Arthur(1996)提出了著名的住房市场过滤模型。随后,Philippe Thalmann(1999)、Harry Vander Heijden(2002)、Kleinman Mark(1996)、G. Goetz、G. Edward(2005)从不同的角度对住房政策和住房保障模式进行了完善。

这些国外专家学者们的研究成果可以总结为:虽然国外在解决低收入者的住房政策在具体设计上存在差异,但在住房保障体系建立和完善的过程中存在共同点,主要表现在:一是住房保障动因和目标的相似性。发达国家均以"政治、安定、公平"作为建立公共住房政策的基本动因,以"满足城市居民的基本居住需求,保障居民的基本生活需要"作为建立公共住房政策的出发点。二是住房保障政策演进的相似性。各国最初的公共住房政策是由政府在金融和住房供应上进行大规模国家干预,政府直接投资或补贴建设公共住房。随着全国性住房短缺的缓解以至消失,转而鼓励运用市场机制解决大量的住房供应,政府公共住房政策只面对地区性和特殊阶层的居民。三是住房保障责任和保障功能的相似性。

国内关于住房保障方面的研究时间不长,但随着近几年我国政府对住房保障问题的日益重视,国内相关研究的文献数量大幅增长,主要是围绕国内外住房保障制度比较、住房基础理论、我国住房保障政策的经济效应、住房保障与住房市场及经济发展水平之间的实证研究等。不过,关于住房保障财政支出责任的划分问题的研究,目前并不是太多见。郑思齐、符育明、任荣荣(2009)认为,住房保障是一项涉及收入再分配的福利政策,因此应由中央财政承担。王斌、高戈(2011)通过住房过滤模型和 SVAR 模型就住房保障对房价的动态冲击效应进行检验分析后认为,经济适用房建设对房价上涨具有抑制作用,同时,房价上涨会促使"相机抉择"的政府加大经济适用房投资力度。换言之,房价的上涨会给地方财政在住房保障方面的支出带来激励。楼继伟(2013)认为,中央与地方政府之间的事权和支出责任的划分,应当按照外部性、信息复杂性和激励相容"三原则",中央应集中一部分社会保障责任,如养老保险、医疗保险等,但并未提及住房保障问题。欧阳华生、黄智聪(2014)通过空间计量模型框架的实证研究,认为我国由经济发展带来的 GDP 规模和政府财力快速增长并未有效支持财政对住房保障的投入;城镇化进程加快给住房保障问题解决带来了较大压力;区域间政府住房保障财政投入竞争会促进区域间政府住房保障财政的投入。

由以上文献可以看出,当前的学术研究成果认为:住房保障的支出责任本应由中央政府承担,但是中央政府把该事责下放到地方,并施以政治激励。对于地方政府而言,面对城镇化进程的加速,住房保障支出的压力与日俱增,除非地方的房地产发展比较景气,且政绩考核机制中有明显的区域间竞争因素的作用,才会使得地方政府加大住房保障支出。

三、中央与地方政府关于住房保障建设的态度不一

(一)中央政府日益重视住房保障问题

在效率优先建设理念的指导下,我国经济高速发展,社会急遽转型;然而,社会不公现象却显得日益严重,民生问题日益突出,亟需政府介入,通过收入再分配来缓和矛盾,解决问题。

深化行政管理体制改革是发展社会主义市场经济和发展社会主义民主政治的必

然要求,是政治体制改革的重要内容。自党的十七大提出要"加快行政管理体制改革,建设服务型政府"后,中央政府工作的基本思路和政策方针有了重大转变,强调全面履行经济调节、市场监督、社会管理和公共服务的职能,重点关注民生、服务民生、改善民生。这也就要求财政工作必须要将重心转到服务民生上。与之相对应,在财政预算收支科目里面,2008 年新增了地震灾后恢复重建支出科目,2009 年新增了保障性住房支出科目等。

2008 年底,国务院下发《国务院办公厅关于促进房地产市场健康发展的若干意见》,提出要加大保障性住房建设力度。截至 2010 年底,我国城镇保障性住房覆盖率达到了近 8%的水平。而从 2011 年起,我国就进入了保障性住房建设"加速跑"阶段。在 2011 年的政府工作报告中,中央政府提出要开工建设保障性住房、棚户区改造住房共 1000 万套,改造农村危房 150 万户,创历年之最。2012 年又提出新开工 700 多万套保障性住房建设。2013 年城镇保障性安居工程住房基本建成 544 万套、新开工 666 万套。2014 年,全国计划新开工城镇保障性安居工程 700 万套以上(含各类棚户区改造住房 470 万套以上),基本建成 480 万套。[①] 由此可以看出,中央政府对于住房保障问题日益重视,建设热情高涨,计划宏大。但相比之下,地方政府的表现并没有那么积极。

(二)地方政府住房保障财政支出动力不足

根据相关实证分析结果,诸如医疗、就业、住房、社保等民生建设,对经济增长的影响较弱,这就意味着,在当前的考核机制下,地方政府仍以经济增长为先,没有足够的积极性来有力地执行中央决策,以推进住房保障建设。

"十二五"期间宏大的保障性住房建设规模,彰显了中央政府对于民生的关注程度,但是随之而来的巨额资金投入、土地和生产能力又该如何保障?如表 1 所示,2009—2013 年期间,我国住房保障的财政支出压力主要由地方政府承担,尽管有中央的转移支付,但地方政府仍然需要付出巨大的成本。

表 1 2009—2013 年我国住房保障财政支出额 单位:亿元

年份	公共财政支出	中央	地方
2009	725.97	26.43	699.54
2010	2376.88	386.48	1990.4

---

① 数据来源:住建部网站,http://www.mohurd.gov.cn/。

续表

年份	公共财政支出	中央	地方
2011	3820.69	328.82	3491.87
2012	4479.62	410.91	4068.71
2013	4480.55	404.73	4075.82

数据来源：根据《中国统计年鉴》(2010—2014)的相关数据整理而得。

以 2013 年为例，全国住房保障建设公共财政共支出 4480.55 亿元，其中，中央本级财政支出 404.73 亿元，地方财政支出 4075.82 亿元。中央财政总共下达了三次转移支付专项资金，共计 1015 亿元，包括补助廉租住房保障专项资金 80 亿元、补助公共租赁住房保障专项资金 580 亿元和补助城市棚户区改造专项资金 355 亿元。[1] 换言之，地方本级财政共承担了 3060.82 亿元的保障性住房支出，占总支出的 68.31%。

还需注意的是，在建设经济适用住房的时候，地方政府必须要无偿地划拨土地，这对于地方政府来说，无疑是一项巨大的机会成本。根据国土资源部的相关数据，2013 年全国地方政府土地出让总收入为 41649.18 亿元，总出让土地面积为 36.68 万公顷，平均每公顷土地的收入额约为 1135.47 万元。2013 年国有建设用地供应面积共计 73.05 万公顷，其中用于保障性住房的土地面积为 3.44 万公顷，占住宅用地供应总量的 24.9%，相当于总出让土地面积的 9.38%。[2] 按照 2013 年的土地出让平均收入水平，实际投入的保障性住房用地成本达到 3906 亿元左右，远远大于显性的投资资金。

对于大部分的地方政府来说，住房保障建设支出所需资金主要来源于土地出让收益。有些地方政府还需动用住房公积金的增值收益来支持廉租房的建设。此外若仍有缺口，则需动用其他地方财政支出。这对于过度依赖于土地财政的地方政府来说绝非美差，从经济效益的角度出发，他们也绝对不愿意致力于几乎没有经济收益的保障性住房建设上。因此，在目前的政绩考核制度下，地方政府与中央政府往往还存在着一系列的博弈。

[1] 数据来源：财政部网站，http://www.mof.gov.cn/。
[2] 数据来源：国土资源部，2013 年中国国土资源公报，http://www.mlr.gov.cn。

四、中央与地方政府间住房保障财政支出导向的博弈分析

(一)博弈类型

中央和地方政府之间围绕住房保障建设支出问题的博弈,首先是由中央政府做出是否要大规模兴建保障性住房的决策,并批复各地方政府所报上来的预算计划;接着是地方政府进行自主决策是否要有力执行原计划;然后是由中央政府决定是否要进行问责或激励。因此,总体看来,这是一个动态的博弈过程。

其次,中央政府对于地方政府是否有力执行原计划,存在一定程度的不完全信息。从信息经济学角度来看,中央政府与地方政府构成一种委托—代理关系,且存在着信息不对称的问题,中央政府并不知道地方政府会不会真正地将中央决议贯彻落实到位。所以中央政府与地方政府在此博弈过程中存在一个信息集,包含了各种不完全的信息,下一个决策主体并不能完全观测到这个信息集中的所有信息,因而会出现犯错误的概率。综上所述,本文所择取的博弈模型是一个不完全信息动态博弈模型。

(二)博弈模型

根据上文分析内容,本文构建动态博弈树如图 1 所示。

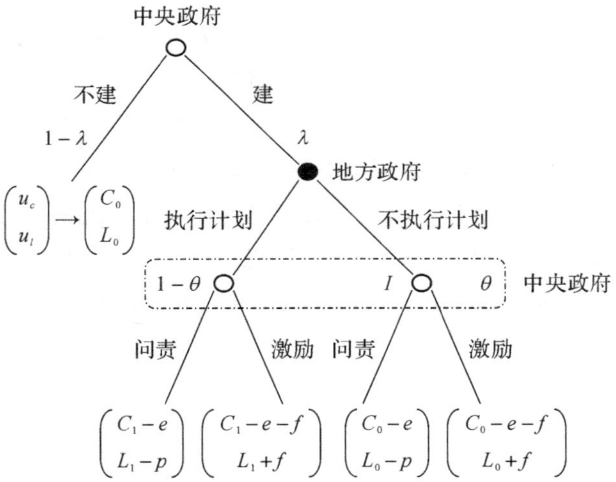

图 1 中央政府与地方政府关于住房保障支出的动态博弈

图 1 中,中央政府与地方政府的支付矩阵由 (u_c, u_l) 表示。C 表示中央政府的效

用；L 表示地方政府的效用；e 表示中央政府对地方政府的监督成本（审计成本）；p 表示中央政府向地方政府问责时，地方政府的效用损失；f 表示中央政府给地方政府提供的追加转移支付或者是相应的补助激励。若地方政府按原计划建设保障性住房，则中央政府可获得的效用为 C_1，地方政府所获的效用为 L_1；但若地方政府并没有按原计划建设保障性住房，或者中央政府没有决定要兴建保障性住房，则中央政府的效用都为 C_0，地方政府的效用都为 L_0。中央政府将执政理念转变到"推进服务型政府建设"上来，强调"执政为民"，因此可以认为中央政府加强民生建设后所得的效用要大于之前的效用，即有 $C_1 > C_0$。但是地方政府由于受到 GDP 政绩考核指标以及各区域经济实力竞争的压力，可能会认为 $L_1 < L_0$，从而懈怠对原计划的执行；若地方政府已切实地转到关注民生上来，那么会认为 $L_1 > L_0$。

博弈的第一阶段。中央政府决定"建"或者"不建"保障性住房。如果以 $1-\lambda$ 的概率选择"不建"，则中央政府和地方政府都获得一定程度的效用，这是由纯经济效益所带来的效用，记为 (C_0, L_0)。如果以 λ 的概率选择"建"，则进入到博弈的第二阶段。这里，$\lambda \in [0,1]$。

博弈的第二阶段。地方政府必须要做出自主决策，是否要坚持执行原计划，兴建保障性住房。如果以 $1-\theta$ 的概率选择"执行计划"，则表示地方政府要承担巨额成本，效用值变为 L_1；或以 θ 的概率选择"不执行计划"，则无需承担这部分成本，效用值仍为 L_0。不管地方政府做出何种抉择，都会面临第三阶段的博弈内容。这里，$\theta \in [0,1]$。

博弈的第三阶段。中央政府出台了问责制，即对地方政府是否完成了住房保障建设任务进行问责，这其实就是相当于委托方对代理方的监督过程。同时，地方政府也可能会在此过程中要求中央给予资金补助，以"更好地完成安居工程建设任务"，中央政府根据地方政府所报上的数据进行批复，给予激励。但是，中央政府在进行问责或激励的时候，并不清楚地方政府到底是处于何种状态，因此会面临一个不完全信息集 I，在审计工作完成之前，中央政府所做出的决策都有可能出现一定概率的错误。

在这个动态博弈过程中，两个参与人（中央政府与地方政府）的行动都是类型依存的，每个参与人的行动都传递着有关自己类型的某种信息，后行动者通过观察先行动者所选择的行动来推断其类型或修正对其类型的先验信息，然后选择自己的最优行动。下文将依据上述假设对这个博弈进行求解。

（三）不完美信息博弈的精炼贝叶斯均衡求解

若 $\lambda=1$，则说明中央政府一定选择建设保障性住房，则博弈树沿右边的路径进入下一个子博弈；若 $\lambda=0$，则说明中央政府选择不建设保障性住房，则博弈树沿左边的路径结束。根据当前的中央政策,中央政府一定会选择建设保障性住房,因此,一定有 $\lambda=1$。

在这个子博弈中,由于存在一个信息集 I,不能继续拆分子博弈。因此我们对这个子博弈使用精炼贝叶斯均衡求解法进行战略决策。假定中央政府认为地方政府选择"不执行计划"和"执行计划"的概率分别为 θ 和 $1-\theta$。给定这个信念,中央政府选择"问责"的期望效用为:

$$E[u_c(问责)] = \theta \cdot (C_0 - e) + (1-\theta) \cdot (C_1 - e) = \theta C_0 + (1-\theta)C_1 - e$$

选择"激励"的期望效用为:

$$E[u_c(激励)] = \theta \cdot (C_0 - e - f) + (1-\theta) \cdot (C_1 - e - f)$$
$$= \theta C_0 + (1-\theta)C_1 - e - f$$

根据前文对各参数含义的定义,一定有 $e>0, f>0$。那么不论 θ、e、f 如何取值,一定有 $E[u_c(问责)] > E[u_c(激励)]$,所以中央政府一定会选择"问责"。给定地方政府知道中央政府将会选择"问责",则地方政府的最优选择将视地方政府的观念而决定。

情形一:如果地方政府仍唯 GDP 为上,则一定会选择"不执行计划"。

情形二:如果地方政府已切实关注民生,则一定会选择"执行计划"。

对于情形一,给定"不执行计划"是地方政府的最优战略,当中央政府观测到地方政府没有选择"执行计划",则可以确定地方政府一定选择了"不执行计划",即 $\theta=1$,从而得到精炼贝叶斯均衡为:{不执行计划,问责;$\theta=1$}。

对于情形二,给定"执行计划"是地方政府的最优战略,当中央政府观测到地方政府没有选择"不执行计划",则可以确定地方政府一定选择了"执行计划",即 $\theta=0$,从而得到精炼贝叶斯均衡为:{执行计划,问责;$\theta=0$}。

(四)结论

由以上动态博弈的均衡求解结果,可以得出以下几个结论:

①住房保障支出责任如果由中央上收,而具体事权由地方政府承担,即事责与支出责任相分离,并通过转移支付的形式将经费下放到地方政府支出的方式,无法得到效率结果。

②尽管中央出台了问责制,但是如果地方政府没有及时转变执政理念的话,仍然无法达到预期的政策目的。

③另外,我们得到的另一均衡结果属于"鞭打快牛"的棘轮效应。尽管这也是此博弈的一个精炼贝叶斯均衡解,但这显然是对地方政府积极性的打压,其在实际工作中会降低行政效率。

五、总　结

基于上述博弈分析结果,从效率角度来看,地方政府会选择情形一的精炼贝叶斯均衡结果,即{不执行计划,问责;$\theta=1$};而从促进社会收入再分配的角度来看,中央政府会通过其他政治途径使得地方政府选择情形二的精炼贝叶斯均衡结果,即{执行计划,问责;$\theta=0$}。但这也就意味着,地方政府需以牺牲效率为代价。换言之,中央政府要委以地方该项事责的时候,就需要舍弃掉对地方 GDP 增长的考核目标。

从新型城镇化建设的目标来看,要进一步推进农业转移人口的市民化,使其真正融入城市建设及市民生活中去的话,每个地方政府都会加大力度来提供更优质的生活环境,包括住房、医疗、教育、卫生、社保、就业等方方面面。但前提条件是要放开户籍限制,从而使得人力资源良性流通,即人口往社会生活环境更好的地方集聚,进而实现社会内生的良性城镇化建设结果。在这样的前提条件下,地方政府应该承担也愿意承担相应的住房保障支出责任。

但从我国当前的实际情况来看,户籍制度的改革无法一蹴而就,因此住房保障的支出责任要真正实现与事权相适应的目标,还需假以时日。

综上,本文认为,从短期来看,住房保障的支出责任应先由中央承担,但中央政府在对地方政府问责的同时,必须要配以有效的激励政策,即在进行政绩考核时,改革传统的 GDP 指标制,实行以民生问题落实程度为重要指标的考核体系,从而改变地方政府的支付效用,实现地方政府财政支出结构的优化。从长期来看,为促进新型城镇化建设的可持续性及城市优化,住房保障支出责任可以转由地方政府承担,实现事权与支出责任的相一致。

主要参考文献

1. Harsman, B., Quigley, J. M. Housing. *Markets and Housing Institutions: An International Comparison*. Boston: Kluwer Academic Publishers, 1991:12.

2. Esping-Anderson, G. *The Three Worlds of Welfare Capitalism*. Princeton: Princeton University Press, 1990:48-50.

3. Barlow. J., Duncan, S. *Success and Failure in Housing Provision: European Systems Compared*. Oxford: Pergamon, 1994:124.

4. Malpass, P., Murie, A. *Housing Policy and Practice*. London: Macmillan, 1982.

5. O'Sullivan Arthur. *Urban Economics*. 3rd. Chicago:Irwin，1996:48-49.

6. Philippe Thalmann. Identification Households Which Need Housing Assistance. *Urban Studies*，1999，36(11):98-100.

7. Harry Vander Heijden. Social Rented Housing in West Europe. *Urban Studies*，2002，39(2):102-108.

8. Kleinman Mark. *Housing，Welfare，and the State in Europe：A Comparative Analysis of Britain，France and Germany*. Cheltenham：Edward，1996:110-105.

9. Goetz，Edward G. Comment：Public Housing Demolition and the Benefits to Low-Income Families. *Journal of the American Planning Association*，2005，71 (8)：407-410.

10. 薛翠翠,冯广京,张冰松. 城镇化建设资金规模及土地财政改革——新型城镇化背景下土地财政代偿机制研究评述. 中国土地科学,2013(11).

11. 郑思齐,符育明,任荣荣. 住房保障的财政成本承担:中央政府还是地方政府. 公共行政评论,2009(6).

12. 欧阳华生,黄智聪. 区域间经济发展、城镇化与住房保障财政供给——基于空间计量模型框架的实证研究. 财贸经济,2014(6).

13. 王斌,高戈. 中国住房保障对房价动态冲击效应——基于 SVAR 的实证分析. 中央财经大学学报,2011(8).

14. 贾康,张晓云. 我国住房保障模式选择与政策优化:政府如何权衡"倒 U 曲线"演变中的机会公平与结果均平？财政研究,2012(7).

15. 楼继伟. 中国政府间财政关系再思考. 北京:中国财政经济出版社,2013.

New Urbanization, Housing Security and the Division of Fiscal Expenditure Responsibilities

——Based on Game Analysis between the Central and Local Governments

Abstract: The key issue in the process of the new urbanization is how to realize the citizenization of the agricultural transfer population, and ensure them fair treatment in education, medical treatment, social security, housing and so on. These products would be shouldered by the governments and the market together. However, the burden pressure is enormous yet, no matter for the new citizens nor the governments. This paper mainly discussed the fiscal supply issue of housing security, basing on the game analysis between the central and local governments. The conclusion is that the local governments would not be effectively motivated to implement the housing security building, if the present assessment mechanisms were not changed. Thus, provide the relevant empirical support for the further reform of China's fiscal system, especially the division of fiscal expenditure responsibility of housing security.

Key words: New Urbanization; Housing Security; The Division of Fiscal Expenditure Responsibility; Dynamic Game With Incomplete Information

日本消费税改革的政治经济学分析及其对中国的启示[*]

◎魏 陆

摘 要：从经济方面来看，开征消费税和逐渐提高其税率无疑是解决财政困境的最佳选择，但是由于担心影响经济复苏，必须权衡对财政收入和经济增长两方面的影响。从政治方面来看，选民和政治家都存在经济人行为倾向，民主选举制度下的政党政治斗争放大了消费税效应，改革面临巨大阻力。未来日本继续提高消费税率既不可避免，又注定不会一帆风顺。当前及将来我国面临与日本类似的挑战，建议抓住有利时机推进包括消费税在内的相关税制改革。

关键词：消费税；日本经济；日本政治；税制改革；政治经济学

一、引 言

日本的消费税（Consumption Tax），是对在日本国内销售的商品和服务按价格的一定比例普遍征收的一道附加值税，实质上就是我们通常所说的消费型增值税（Value-added Tax），与中国的消费税不同而与增值税相似。消费税被称为日本选举的"鬼门"和政坛的"魔咒"，很长时间以来是每个政党及每届内阁都绕不开的一个坎。世界上很少有国家像日本这样，其政治经济社会受一个税种的影响如此之大，不少政治家及政党在此问题上遭遇滑铁卢，成为日本政治经济社会中最具争议性的敏感话题之一。2014年4月1日，日本消费税税率如期提高到8%，但是由于"安倍经济学"受挫，2014年11月安倍首相宣布推迟本定于2015年10月起执行的第二步增税计划，将延缓18个月至2017年4月起提高税率至10%，并承诺不会再推迟执行日期。日本政府面临的财政压力短期内不可能解决，经济低迷、人口老龄化、政治斗争等政治经

---

* 魏陆，上海交通大学国际与公共事务学院，E-mail：wwweilu@sjtu.edu.cn。

济社会问题也不会改变,未来继续提高消费税率既不可避免,也注定不会一帆风顺,第二步增税计划是否能如期于 2017 年 4 月实施,仍存在较大的不确定性。

可以预见未来很长一段时间内,消费税仍将是日本政治经济生活中的一个棘手问题,消费税增税仍任重道远。为什么一个税种的改革在日本会掀起如此大的波澜,这背后有其深层次的经济和政治原因,一方面,各方普遍认为提高消费税率是解决日本财政困境的最佳选择,另一方面,持续低迷的经济及复杂的党派斗争又使得消费税改革陷入进退两难的困境。中国与日本虽然政治体制不同,但是在经济社会方面面临的挑战有很多共同点,如经济增速放缓,政府债务负担加重,人口老龄化速度快,日本消费税改革对中国财税改革也有很高的借鉴与启示意义。

二、日本消费税改革的经济考量

毫无疑问,日本消费税改革首先是出于经济特别是财政方面的考量。一方面,20世纪 70 年代后,由于经济增速放缓,人口老龄化导致的社会保障压力加大,中央政府财政赤字和债务高居不下,寻找新的财源势在必行,征收消费税和提高税率无疑是最佳选择,如果不改革,财政将难以为继,拖累经济调整,甚至可能引发债务危机;另一方面,增税是一柄双刃剑,由于居民消费支出占国内生产总值的比重超过 60%,又担心开征消费税和提高税率会引起消费不振,使得本已低迷的经济雪上加霜,影响经济复苏,因此,消费税改革面临两难境地,必须权衡对财政收入和经济增长两方面的影响。

(一)日本经济长期面临巨额财政赤字和债务压力

在 1964 年之前,日本实行超均衡主义的财政政策,严格遵循平衡预算原则,通过税收筹集的财政收入既满足了经常性支出的需要,也满足了公共事业的资本性支出需要,因此在此之前,政府没有财政赤字,当然也没有发行过国债。1964 年日本成功举办东京奥运会,经济一片繁荣,但是 1965 年的经济增速较上一年回落了将近一半,税收收入下降,政府收不抵支,放弃了平衡财政政策,首次发行了 1972 亿日元的国债用以弥补赤字。[①] 其后,日本再也没有出现过财政盈余,不得不靠发行国债弥补收支缺口。1971 年由于布雷顿森林制度瓦解,日本经济陷入"日元升值萧条",财政赤字和国债发行额从 1970 年的 3472 亿日元增长到 11871 亿日元,中央财政对债务的依存度

---

① 除特别说明外,本文中的日本数据均来自日本总务省统计局(Statistical Bureau)统计年鉴(Japan Statistics Yearbook)(网址:www.stat.go.jp/english/data/nenkan/index.htm)。

（债务收入占财政总支出比）达到 11.9％。但是这一时期的国债严格限定为建设国债，即所筹集资金只能用于公共建设，而不能用于弥补经常性财政赤字，政府经常性财政收支仍是保持盈余的。

由于石油危机，1974 年日本经济出现了负增长，税收收入大幅下降，1975 年经常性预算也首次出现了赤字，政府开始发行特别国债（Special Public Debts，也称为赤字国债），债务发行规模从 1974 年的 21600 亿日元猛增到 52805 亿日元（其中 20905 亿是特别国债），中央财政的债务依存度由 10.6％猛升到 24.6％。其后，由于日本经济增速仍然保持在较高水平，政府也致力于"财政重建"，虽然没有摆脱对债务的依赖，但是债务依存度、偿债率和国债负担率增长速度并不是很快，20 世纪 80 年代在泡沫经济的推动下，财政状况一度甚至有所好转，财政债务依存度也大幅回落，1990 年只有 8.4％，如表 1 所示。

表 1　1980—2014 年日本中央政府总支出和债务收支　　　　单位：10 亿日元

财政年度	总支出（A）	债务支出（B）	占总支出比例（B/A％）	国债发行额（C）	国债依存度（C/A％）	国债余额（D）	利息支出（E）	占总支出比例（E/A％）	国债负担率（D/GDP％）
1980	42589	5310	12.5	14270	33.5	70510	4417	10.4	30.0
1985	52500	10224	19.5	11680	22.2	134431	9879	18.8	42.6
1990	66237	14289	21.6	5593	8.4	166338	11069	16.7	39.2
1995	70987	13221	18.6	12598	17.7	225185	11651	10.8	47.2
2000	84987	21965	25.8	32610	38.4	367555	10743	12.6	103.3
2005	82183	18442	22.4	34390	41.8	526928	8864	10.8	126.3
2010	92299	20649	22.4	44303	48.0	636312	9757	10.6	138.9
2013	92612	22742	24.0	42851	46.3	743868	9870	10.7	162.6
2014	95882	23270	24.3	41250	43.0	780448	10098	10.5	——

数据来源：日本总务省统计局《2015 年日本统计年鉴（Japan Statisical Yearbook 2015）》，2014 年为预算数。

但是好景不长，随着泡沫经济的破灭，1990 年后日本经济陷入了持续低迷和通货紧缩。2013 年的名义国内生产总值（4801280 亿日元）甚至低于 1992 年水平（4879614 亿日元），但是以不变价格衡量，国内生产总值仍增长了 19.3％。[①] 由于市场利率长期

---

① 数据来源：世界银行数据库（http://data.worldbank.org/country/japan）。

处在极低水平,出现流动性陷阱,致使货币政策的作用空间很小,扩张性的财政政策成为政府刺激经济的主要工具,一方面推行减税政策,一方面大规模发行建设债券用于公共工程投资,财政压力进一步加大,对债务的依赖程度迅速提高。政府的经常性预算赤字也迅速增长,债务依存度再次提高,1995 年上升到 17.7%,2000 年达到38.4%,2010 年高达 48%,其后虽有所下降,但仍保持在较高水平。也就是说,在2014 年中央政府近 100 万亿(一万亿也称为一兆)日元的总支出中,有 43% 是依靠债券发行筹集的,其中赤字国债规模远超建设国债。可以想象,如果不能发债,政府财政将难以为继。

长期财政赤字和债务发行数量的增加必然导致国债负担率(未到期债务占 GDP比重)的提高,1970 年日本中央政府债务负担率仅为 3.7%,其后持续上升,1980 年提高到 30%,1990 年为 39.2%,2000 年为 103.3%,2010 年为 138.9%,2013 年为162.6%,早已超过公认的 60% 的国际警戒线,是发达国家中债务负担率最高的。[①]2010 年爆发的希腊等欧洲国家的债务危机给日本的财政赤字和巨额债务敲响了警钟,日本财政状况已经引起了国际经济界的担心,OECD、IMF 等国际组织也要求日本加快进行财政改革。2011 年 3 月发生了东日本大地震,为了加快恢复震后重建,政府发行了 11.25 万亿日元的重建公债,也加大了政府的财政压力。2014 年政府国债利息支出超过 10 万亿日元,占中央政府总支出的比重超过 10%,这大大削弱了政府可用于其他用途的财力。因此,为了缓解财政压力,政府必须寻找新的财政收入来源。

(二)开征消费税和提高其税率是缓解财政压力的最佳选择

战后,根据美国哥伦比亚大学教授夏普(Sharp,有的译为肖普)的建议,日本实施了所谓的夏普税制,采取了以直接税为主(包括个人所得税、公司税、遗产税等)、间接税(包括商品税、酒税、汽油税、关税等)为辅的税收体系。个人所得税、公司税的最高税率分别高达 70%、60%,直接税和间接税的收入比重约为 7:3。如 1965 年,日本税收总额为 29678 亿日元,个人所得税为 9704 亿,公司税为 9271 亿,二者合计占税收总额的比重为 64%,1974 年这一比重上升到 76.4%。商品中选择部分商品征税,在税收体系中的地位不高,收入甚至低于酒税和汽油税,如 1965 年商品税收入为 1379 亿日元,占税收总额的比重仅为 4.6%,1975 年为 5.1%。在日本经济高速发展阶段,这种税收体制基本满足了经济社会发展的需要。

随着日本债务负担的加重,20 世纪 70 年代末期日本就开始酝酿税制改革。由于

---

① 如果将中央和地方政府全部债务都考虑在内,债务负担率超过 200%。

相对于其他国家,日本间接税收入所占比重偏低,增加间接税收入无疑是不二选择,而在间接税中,酒税、汽油税和关税已经没有多大的提升空间。另一方面,20世纪50年代增值税在法国首先实施以来,其"中性"税收优点得到广泛认同,既可以为政府筹集财政收入,又可以避免重复征税带来的扭曲效应,有利于市场经济下的专业化分工与协作,在国际上迅速推广。因此,开征类似增值税的商品税无疑是缓解财政压力的最优选择。

但是在泡沫经济的推动下,20世纪80年代日本经济仍然保持了较高增长速度,个人所得税和企业所得税收入水涨船高,财政压力有所缓解,税制改革遇到较大阻力(后面将详细阐述),直到1989年4月1日消费税才正式施行,税率定为3%,同时废除了原来的商品税。消费税立即成为政府的一个重要收入来源,1989年消费税收入为32699亿日元,占当年税收总额的6.2%,比之前的商品税收增长了60%;1990年消费税收入达到46227亿日元,占当年税收总额的比重接近8%,对财政收入的贡献非常明显。

20世纪90年代,随着日本经济增速放缓和持续的通货紧缩,以直接税为主的征收体系使得国家税收收入减少,同时,过高的边际税率也抑制了劳动者的积极性和企业投资,不利于经济复苏,迫使政府逐渐降低所得税最高边际税率,所得税收入持续下降。例如,1996年个人所得税收入为18.96万亿日元,比1991年下降了29.1%,公司税收入为14.48万亿日元,比1990年下降了21.2%。由于政府赤字和债务急速增长,在直接税收入大幅下降的情况下,进一步提高消费税税率势在必行。1997年4月1日将消费税率从3%提高到5%,当年消费税收入达到9.3万亿日元,比上年增长53.6%,占税收收入的比重达到17.8%。

进入21世纪后,日本的财政压力不但没有缓解,反而进一步加大,直接税收入进一步减小,2013年个人所得税和公司税收入为13.9万亿和8.7万亿日元,分别比1990年下降46.5%和52.6%。政府的税收总额也是下降的,1990年为62.78万亿日元,2013年仅为46.82万亿日元,下降了25.4%;而消费税收入却是增长的,2013年达到10.6万亿日元,占税收总额的比重为22.7%,是仅次于个人所得税的第二大税种。在个人所得税、公司税等主要税收都因经济衰退而大幅下降的情况下,只有消费税保持了平稳,为政府提供了重要的财力支撑。

同时,与其他国家平均20%左右的税率水平相比,日本的消费税率明显偏低,仍有较大的提升空间。在提高所得税等其他税收难以实行的情况下,提高消费税率是改变财政困境的最佳选择。经过艰苦努力,2012年日本政府通过了消费税改革法案,决定分两步提高消费税税率,2014 年 4 月 1 日起将税率提高到 8%。根据《平成 27 年度预算政府案》,2014 年日本税收总额比上年增长了 16%,国债依存度下降了 3.3%,预计 2015 年继续下降 4.7%。

(三)经济持续低迷使得日本提高消费税率陷入两难困境

1955 年完成恢复重建后,日本经济增长大致可以分为三个阶段:一是高速增长期,一直持续到 1973 年,这一时期的平均经济增速超过 9%;二是平稳增长期,一直持续到 1990 年,这一时期的平均经济增速为 4%;三是低迷衰退期,一直持续到现在,这一时期的平均增速仅为 1%,始终缺乏新的增长点,经济不得不进行痛苦的调整,被称为"失去的 10 年""失去的 20 年",甚至"失去的 30 年"。

即使日本面临巨大的财政压力,开征消费税和提高税率是最佳选择,同时,提高税率又可以使商品的实际价格上涨,短期内有助于抑制日本所面临的通货紧缩压力,但是政府对提高消费税率始终非常谨慎,因为消费税改革始终是一柄"双刃剑"。日本是一个消费为主导的国家,消费对经济增长的贡献非常大,2012 年居民最终消费支出为 287.6 万亿日元,当年的国内生产总值为 473.8 万亿日元,居民消费支出占国内生产总值的比例达到 60.6%。根据经济学基本原理,在经济衰退时应该减税,以扩大消费需求使经济早日复苏,如果提高税率可能进一步抑制消费,加剧经济衰退,更有可能导致政府财政状况没有改观,经济形势反而变得更糟糕了。

事实确实如此,1989 年开征消费税和 1997 年的税率提高都导致日本经济出现衰退,这次也不例外。消费税率从 5% 提高至 8% 对经济造成的负面影响显著,2014 年前三个季度的 GDP 增速分别为 6.1%、−7.3% 和 −1.9%,连续两个季度出现负增长。根据 2015 年预算草案,预计 2014 年全年日本经济萎缩 0.5%,弱于 1980 年以来的历史均速,也弱于 2008—2013 年危机期间的均速,弱于安倍经济学实施第一年 2.1% 的增速。国际货币基金组织、世界银行等国际机构纷纷下调了 2015 年日本经济增长预期。普遍认为,消费需求急剧下降是造成日本经济大幅波动的罪魁祸首。

因此,对于任何一个执政党或者决策者来说,必须慎重考虑提高消费税率可能带来的后果,这使得财政政策陷入两难境地,如果开征消费税或提高税率,担心影响经济复苏;如果再任由赤字和债务发展下去又担心爆发财政危机,影响长远发展,必须权衡两种选择的利弊,两害相权取其轻,往往不到迫不得已,不会轻易推动改革。

三、日本消费税改革的政治考量

除了经济方面的考量之外,政治方面的考量也是影响日本消费税改革的一个重要因素。选民和政治家都存在极强的经济人行为取向,使得消费税成为各方博弈的一个重要工具,在日本多党派民主制度下,一方面,要努力得到选民的理解和支持,必须看选民的脸色行事,否则难以进行消费税改革;另一方面,还要应对反对党的抵制和党内不同派别的斗争,否则可能成为对手攻击的靶子,失去执政地位,因此,消费税改革既要面临财政收入和经济增长之间的博弈,还要面临选民选票和党派斗争的考验,被称为日本选举的"鬼门"和政坛的"魔咒",是一道不可触碰的日本"政坛禁忌"。

(一)能否得到选民的理解和支持是推行消费税改革的关键

二战后,日本建立了民主制度,实行议会内阁制,国会议员均由国民直接选举产生。内阁是中央政权机关的领导核心,由众议院中的多数党(单独或者联合)组成,通常由该党领袖出任首相。根据公共选择理论,选民和政客均存在经济人行为倾向。选民追求自身利益最大化,会选择对自己最有利的政策,如在政府解决财政赤字增税和发债两种选择上,选民会倾向于发债,而不愿意增税。政客追求选票最大化,在政策制定上会投选民所好,轻易不敢增税。

日本是个多党派国家,自民党虽然长期占据执政地位(1955年至今,仅在1993年和2009年两次短暂失去执政权),但是其执政地位并不稳固,仍不得不看选民的脸色行事。选民的财政知识不足、个人理性与集体理性的对立以及未来的不确定性导致人们不愿意做出牺牲眼前利益的选择,最终使改革向后拖延,债务向后代转嫁,也造成代际间的不公平。政府债务负担快速增长还有一个重要原因,即政客为了取悦选民经常故意高估经济增长率,然后在此虚高增长率基础上预测税收收入,编制预算,由于财政支出具有刚性,一旦年底增长率低于预期(几乎经常如此),收入将出现短缺,最后不得不靠借债来弥补,推高了政府赤字和债务。

1978年12月,大平正芳当选日本首相,1979年提出了"一般消费税"构想①,并把征收5%的消费税作为执政目标,但是由于税率定得过高,引起了社会公众的强烈不满,就连执政的自民党内部也出现分裂。社会党借此对大平内阁提出不信任案,并获

---

① 之所以称之为"一般消费税",而不是国际上的普遍叫法"增值税"或者"货物与劳务税",也是为了避免引起选民的反感。

得通过。大平正芳被迫解散国会,重新进行选举。开征消费税引起了民众的担忧,认为改选无非是征税的前奏,大平要建立"征税内阁"。在 1979 年 10 月份进行的众议院大选中,自民党遭到了有史以来最惨重的失败,勉强保住超半数席位,虽然大平正芳最后艰难保住了首相位置,但是已无力推进消费税改革,1980 年 6 月 12 日突然死于心肌梗死,第一次消费税改革就此夭折。

20 世纪 80 年代中期,在世界性的减税潮流以及日本国内政治、经济、社会环境变化的共同影响下,日本再次坚定了税制改革决心。中曾根康弘(1982 年 11 月—1987 年 11 月在任)违背了自己之前不征收消费税的承诺,1987 年提出用"销售税"代替"一般消费税",由于销售税改革方案损害了流通业者的既得利益,一些行业团体为争取免税大力进行游说活动,最终使免税行业从最初的 9 个增加到 52 个,选民对其公平性表示质疑,即使自民党在参众两院均占据绝对优势,但是由于社会公众的反对和在野党的大力阻挠,导致法案未经审议就成为废案,第二次消费税改革再次折戟途中。

1988 年 11 月,竹下登接任首相后,把税制改革作为自民党的首要课题,这时税制改革的环境也有所改善,自大平正芳内阁提出消费税改革后已经过去了将近 10 年,经过长时间的宣传,国民对消费税的抵触情绪在减弱。同时,经过长时间的快速增长以及 20 世纪 80 年代泡沫经济的推动,国民收入增长迅速,90％的人认为自己属于中产阶级。由于公司税和个人所得税边际税率过高,要求降低所得税的呼声很高。竹下登内阁提出的税制改革大纲呼应了这种要求,把个人所得税的最高税率从 70％降到 50％,公司税从 42％降到 37.5％。同时,政府积极通过媒体宣传争取选民支持,改革的必要性也得到选民的理解,第三次消费税改革终于得以成功,1989 年 4 月 1 日起征收 3％的消费税。

最近一次的消费税改革也依赖于选民态度的转变。全球金融危机、欧洲债务危机及 2011 年的东日本大地震使得日本经济雪上加霜,社会公众也认识到日本财政问题的严重性,对消费税的态度发生了变化。根据《日本经济新闻》2012 年 2 月 12 日的读者调查,赞成提高消费税的占 54％,反对的占 28％,虽然赞成但是认为时机上应该再推迟点的占 18％。如果算上这 18％,支持此项改革的比重占到 72％。正是由于看到了选民态度的转变,同时受到在野党的支持,民主党的消费税改革法案才能够获得通过。2014 年 4 月 1 日消费税率提高到 8％以后,日本经济连续两个季度负增长,"安倍经济学"受挫,选民对安倍内阁的支持率也明显下降,迫于压力,安倍首相宣布将原定于 2015 年 10 月进行的第二步增税计划(从 8％提高到 10％)推迟到 2017 年 4 月再实施,并解散众议院,于 12 月份重新进行了大选。

（二）多党制度下的政党政治斗争放大了消费税改革的效应

日本是实行多党制的议会制国家，不少党派都在国会中占有席位，虽然自民党长期单独执政，但是其内部派系林立，斗争激烈，各派不断分化组合。随着自民党"一党优位"制时代的结束，在野党的实力明显增强，经常把消费税作为国会斗争的工具，利用消费税大做文章。长期执政的自民党深知财政经济困境，不得不推动开征消费税并持续提高税率，这正好为在野党树立了攻击的靶子。在野党的阻挠并不是从国家的长远利益出发，而是以多获得选票为出发点，通常在选举前不负责任地向选民承诺反对消费税，而一旦上台执政面临财政困境时，不得不改变立场，结果遭到选民的唾弃。执政的自民党也不想独自承担改革带来的成本，在改革遇到阻力时，也不愿意轻易凭借在国会中的多数优势强推改革。并不是政治家有意不考虑国民的长远利益，而是对国家长远利益负有责任的政治家和政党在选票的引导下（这也是现代民主政治制度的缺陷），对增税改革的激励不足所致。虽然参与各方都认识到危机的及时解决对于经济全局有利，但是党派斗争使得消费税成为各方博弈的砝码，放大了这一改革的政治、经济和社会效应，成为一个非常敏感的话题，延误了改革良机。

如中曾根康弘的销售税改革法案遭到了在野党的全力阻击，最终胎死腹中。1988年竹下登内阁推进的消费税改革虽然取得了重大突破，但是却在1989年的参议院选举中失利，社会党依靠反对引进消费税获胜。消费税正式实施后，关于消费税的争议和斗争并没有因此停止，仍是政党政治斗争的一个重要工具。1991年，自民党政府在政治压力下对消费税进行了修订，扩大免税项目范围以解决消费税制的累退性问题。1993年，新党党首细川护熙组成八党联合政府，试图用高达7％的"国民福祉税"来替代3％的消费税，遭到在野党的强烈反对，联合执政的各党派对此也分歧很大，该方案很快就被撤回了，联合政府很快垮台。1994年，村山富市任首相的社会党与自民党、新党联合执政后，社会党不仅不承诺以前取消消费税的宣言，反而提议将消费税税率从3％提高到5％，由此导致社会党失去民心，在1995年的选举中失去第二大党交椅，社民党也很快失去执政权。面对严峻的财政经济形势，消费税改革没有因此而停止。1996年1月接任的桥本龙太郎首相提出了财政重建计划，其中一项是把消费税率由3％提高到5％（其中，4％归中央政府，1％归地方政府），并最终获得国会通过，于1997年4月1日起开始实施，但是此举导致自民党在1998年的参议院选举中惨败，桥本首相引咎辞职。

进入21世纪以来，尽管日本经济有了起色，但财政困境依然没有改观，增加消费税改善政府财政状况的呼声依然高涨。虽然小泉纯一郎在国民中具有较高的支持率，任首相长达 5 年多(2001 年 4 月至 2006 年 9 月),但是他在消费税改革上并没有采取大的行动,只是多次提出提高消费税率是必然的,然而又表示其任内不会提高消费税。由于社会公众和联合执政党的反对,其后的自民党首相安倍晋三、福田康夫、麻生太郎都不敢贸然提出增加消费税,消费税改革作为"烫手山芋"被搁置。

在 2009 年 8 月的日本众议院选举中,执政的自民党主张提高消费税率,民主党则宣称若执政 4 年之内不会增加消费税,被认为是战胜自民党的一个重要因素。民主党上台后,囿于选举承诺,鸠山首相虽未提改革消费税,但态度已有所松动,表示不介意就提高消费税进行商讨。菅直人首相一上台便主张增加消费税,这在支持民主党、反对增加消费税的选民看来是一种背叛,导致支持率大幅下滑,是民主党在 2010 年 7 月的参议院选举中失利的一个重要原因。自民党即使沦为在野党,仍然主张提高消费税税率,并把消费税率增加到 10% 写进竞选纲领,以表示自己是负责任的政党,此外,新党等也明确表示支持增加消费税。这使得民主党陷入困境,如果同意自民党的主张,有被自民党牵着鼻子走的风险,并且违背选举承诺,如果反对消费税改革,财政确实难以为继,社会保障等多项改革承诺难以兑现。野田上台后,继续推动消费税改革,在日本大地震发生后,国内围绕筹集灾后重建资金的政策展开激烈讨论,"是否增加消费税"成为焦点,2012 年 6 月各党派就 2015 年前分阶段提升消费税率至 10% 达成一致,众议院高票通过了以消费税增税为支柱的社会保障与税收一体化改革相关法案。野田孤注一掷推进消费税改革是导致民主党在 2012 年底众议院选举中大败、失去执政权的一个重要原因。2014 年 4 月消费税率提高到 5% 以后,由于日本经济表现不如预期,一些反对党再次将消费税作为攻击执政党的矛头,迫使安倍内阁推迟了第二步增税计划。

对执政者来说,消费税就像个烫手山芋,触碰的人往往逃不出被烫伤的结局。消费税本来是财税改革的一个组成部分,但是在政党政治斗争的作用下,消费税问题的效应被放大和政治化了,成为政治斗争的一个重要工具,既延缓了改革步伐,也使得问题愈发严重,不到问题积累到一定程度社会公众不愿意进行改革,政党和政治家也不敢冒险贸然进行改革,最终使得日本债务问题积重难返。

四、未来日本消费税改革展望

可以预见,未来很长一段时间内,消费税仍将是日本政治经济生活中的一个棘手问题,财政压力短期内不可能缓解,进一步提高消费税率势在必行,但是复杂的政治经济形势又决定了这一改革不可能一帆风顺,日本政坛变化多端,安倍内阁是否能于2017 年 4 月按计划将税率提高到 10％,仍存在不确定性。

(一)老龄化带来的社会保障压力要求日本必须加快改革步伐

老龄化、少子化使得日本经济短期内难有大的起色,社会保障支出压力也使得财政负担沉重。目前日本人的平均寿命达 83 岁,居世界前列。截至 2013 年底,日本总人口为 1.2729 亿人,60 岁及以上人口占 32.7％,65 岁及以上人口占 25.1％,75 岁及以上人口占 12.3％,是世界上人口老龄化最为严重的国家;并且按照目前人口发展趋势,老龄化问题仍在加剧,预计到 2030 年 65 岁及以上人口比重达到 31.6％,2050 年将达到 38.8％。另一方面,受出生率下降的影响(目前每个妇女的生育率仅为1.3％),人口呈减少趋势,预计 2050 年日本人口将下降到 9708 万,2100 年将只有4959 万人,比目前减少 60％多。在这种情形下,日本经济很难再恢复到之前的高速增长时期,同时老龄化增加了政府公共养老金、公共医疗、公共护理等方面的开支,使得政府社会保障支出压力空前加大。1970 年,中央财政社会保障支出占政府支出的14.7％,2000 年为 19.8％,2014 年达到 31.8％,并且这种趋势仍在继续。一桥大学的野口悠纪雄认为,若不进行社会保障改革要将财政赤字与 GDP 之比控制在 3％ 以内,消费税率就必须提高至 30％。因此,为日益增加的社会保障支出筹集足够的资金成为提高消费税率的一个重要理由,也逐渐为社会公众所理解和接受。

(二)目前税率水平较低使得消费税率仍有进一步提升的空间

即使 2014 年日本消费税率提高到 8％,但是与其他国家平均 20％左右的增税率水平(中国 17％,德国 19％,英国 20％,法国 19.6％,西班牙 18％,罗马尼亚到 24％,加拿大 13％～15％,北欧一些国家甚至高达 25％)相比,目前日本的消费税率明显偏低,仍有较大的提升空间。据测算,消费税每增加 1 个百分点,财政收入便可增加 2.4万亿日元,因此,如果消费税税率到 10％甚至 15％,可极大减轻政府的财政压力。日本目前的宏观税负(税收收入占国内生产总值的比重)仅为 25％左右,也低于很多国家,在提高所得税等其他税收难以实行的情况下,提高消费税率仍是改变日本财政困境的一个最佳甚至唯一选择,进一步提高消费税率势在必行。即使 2017 年 4 月日本将消费税率提高到 10％,也不排除未来进一步提高至 16％的可能性。

(三)党派政治决定了日本消费税改革不可能一帆风顺

在 2014 年底的重新大选中,执政的自民党仍然在众议院继续占据绝对多数席位,可见面对严峻的经济现实,国民也没有更好的选择。虽然安倍一再表示不会再推迟第二步增税计划,但是由于日本经济仍处于通货紧缩和衰退之中,一些民众、专家及政党

（如日本共产党）对此持坚决反对态度，鉴于日本政坛变化多端，第二步增税计划是否能如期进行仍存在不确定性。同时，消费税增税需要其他改革同步进行，如对低收入家庭提供更多保障，削减政府行政性开支，以获得更多的社会支持。

五、日本消费税改革对中国的启示

当前及将来我国可能面临与日本类似的挑战，如经济增速放缓，政府债务负担加重，人口老龄化速度快等，对此必须予以高度重视，前事不忘，后事之师，我国应吸取日本消费税改革的经验教训，抓住有利时机推进包括消费税在内的相关税制改革，避免重蹈日本覆辙。

（一）中国面临与日本类似的经济社会问题

一是政府特别是地方政府债务负担沉重。中央财政已是持续多年赤字，2014 年中央财政赤字 9500 亿元，地方财政赤字 4000 亿元，2015 年分别为 11200 亿元和 5000 亿元，均比上一年有明显的上升。根据国家审计署审计结果公告 2013 年第 32 号（总第 174 号），截至 2013 年 6 月底，中国各级政府负有偿还责任的债务总额超过 20 万亿元，部分地区债务规模增长较快，一些地方通过信托、融资租赁、BT（建设—转让）和违规集资等方式变相融资现象，债务偿还对土地出让收入依赖程度高，债务风险凸显，地方政府的债务风险隐患引起很多方面的高度关注。债务是"未来赋税的远期合约"，发债而不增加税赋会导致"财政纪律"的破坏，应避免形成对债务的过度依赖。

二是经济告别高速增长。改革开放前 30 年我国平均经济增速超过 10%，但是在 2008 年全球金融危机，特别是 2010 年中国经济超越日本成为全球第二大经济体之后，过去多年高速增长积累的矛盾和风险逐步凸显，经济增速持续下滑。2013 年我国经济增速为 7.5%，2014 年我国经济增速为 7.4%，创下 24 年来的新低，2015 年经济增速预期仅为 7% 左右，标志着经济在经历 30 多年的快速增长之后，从高速增长转为中高速增长，进入"新常态"，经济增速的放缓对于我国结构调整既是机遇也是挑战。

三是人口老龄化速度快。根据国家统计局《2014 年国民经济和社会发展统计公报》，2014 年全国 16～59 周岁的劳动适龄人口去年减少了 371 万，降幅超过 2013 年的 244 万，已是连续第三年下降；60 岁以上老年人数量已超过 2 个亿，占总人口的 15.5%，预计 2020 年将达到 19.3%，2050 年将达到 38.6%。目前，职工养老保险的抚养比是 3.04∶1，到 2020 年将下降到 2.94∶1，到 2050 年将下降到 1.3∶1。"人口红利"的消退对经济社会的影响将是深远的，伴随劳动力人口下降而来的同样是经济增长的减速,这将推高劳动力成本,削弱产业国际竞争力,政府社会保障压力也将持续加大。

(二)应加快推进包括消费税在内的相关税制改革

日本由于各种原因,没有及时进行包括消费税在内的税制改革,结果导致债务问题愈发严重,积重难返。我国面临的很多问题与日本 20 世纪 80 年代末 90 年代初的情况非常相似,随着经济增速放缓,财政也难以像过去那样快速增长,而社会保障等公共需求刚性大,对财政的考验还在后头。中国的税制调整特别是一些增税改革应在经济发展处于上升时期推出,并充分考虑老龄化带来的影响。与日本相比,我国面临有利条件,党的执政能力强,政策推行遇到的政治阻力小,但是也要认识到问题的严重性,应积极推进包括消费税在内的税制改革。

在间接税方面,尽快完成"营改增",实现增值税全覆盖,归并现有的增值税税率;同时,调整消费税征收范围、税率和环节,充分发挥消费税的调节作用。与日本早期直接税收入比重偏高、间接税收入偏低不同,我国目前的税收结构是间接税收入偏高而直接税收入偏低,2014 年间接税占税收收入总额超过 60%,而直接税收入只占 25% 左右,未来我国税收收入增长的重点应该放在直接税方面,尽快改革个人所得税,实行综合个人所得税模式,早日完成房地产税立法,为地方政府开辟财源,避免对赤字和债务形成依赖。

令人欣慰的是,党和政府高度重视财税制度改革,中共中央政治局 2014 年 6 月 30 日审议通过了《深化财税体制改革总体方案》,明确新一轮财税体制改革 2016 年基本完成重点工作和任务,2020 年基本建立现代财政制度。目前各项财税改革正在有序进行中,相信我国一定可以避免重蹈日本覆辙。同时,应该控制各级政府特别是地方政府的债务,尽快放开人口控制政策,避免房地产市场出现大起大落,保持我国经济平稳较快发展。

主要参考文献

1. 倪月菊. 日本提高消费税税率的原因及实施效果评析. 国际金融,2014(8):46—54.

2. 乐绍延. 安倍经济学失灵 日本经济惨淡迎新. 经济参考报,2014-12-26(4).

3. 刘馨颖. 日本消费税增税任重道远. 国际税收,2013(6):72—85.

4. 张晓兰,蔺奕茗. 消费税上调正拖累日本经济. 中国经济导报,2015-02-28(2).

5. 刘润. 日本财政重建的政治经济学研究,辽宁大学博士论文,2007.

6. 高阳. 多维度观察:日本消费税改革. 国际税收,2014(5):26—31.

7. 刘润. 日本财政重建的政治经济学研究. 辽宁大学博士论文,2007.

8. 余炳雕,吴宇. 20 世纪 80 年代以来日本税制改革综述. 现代日本经济,2004 (1):15—20.

9. 魏陆. 日本消费税问题的由来及其改革展望. 现代日本经济,2011(2): 25—30.

10. 吴寄南. 民主党下野及日本政坛剧变的深层原因. 日本问题研究,2013(2): 1—7.

11. 张旭. 烫手的日本消费税. 小康,2010(8):56—58.

12. 施锦芳. 日本提高消费税率的动因、影响及展望. 日本学刊,2013(2): 87—101.

13. 余永定. 日本财政危机的启示. 财经界,2001(5):66—67.

14. 胥玲. 日本消费税改革及启示. 中国财政,2011(20):68—69.

The Economic and Political Analysis on Japan's Consumption Tax Reform and its Enlightenment to China

Abstract:On the economy hand,consumpiton tax probably is the best choice to solve fiscal problem,but it might suppress residents' consumption and affect economy recovery. On the political hand,both the constituency and politician are economic men,the party's political struggles magnify the effect of consumption tax reform,the reform was often delayed. It is unavoidable and difficult to further improve consumption tax rate. China faces some similar challenges now and in future,we must push forward the tax system reform in order to avoid Japan's mistake.

Key words:Consumption Tax;Japan's Economy;Japan's Politics;Tax System Reform;Political Economy

单一比例所得税的思想演变研究*

◎陶瑞翠

摘　要：单一比例所得税的思想源远流长，国内外学者对此展开了深入的探讨。本文依据是否支持单一比例所得税进行归类研究，分别分析国外学者和国内学者对于单一比例所得税的研究，具体阐明他们的观点并进行简要评述。最后从总体上进行概括总结，指出单一比例所得税思想反映了比例税与累进税之争，体现了对于是否支持政府干预的态度以及具体思想的产生要结合相应的历史环境。

关键词：单一税；比例税率；累进税；思想演变

一、引　言

当代单一比例所得税最早在避税天堂盛行，俄罗斯2001年实施13％的单一比例所得税改革以后，增加了单一比例所得税的国际影响力，许多前社会主义国家纷纷加入单一比例所得税俱乐部，掀起了单一比例所得税的热潮。截至2014年末总共有33个国家（地区）实行单一比例税率的个人所得税，包括格鲁吉亚、保加利亚、白俄罗斯、马其顿、马达加斯加、塞舌尔等，平均税率仅为17％。

单一比例所得税改革的产生是有其思想渊源的。一般意义上的单一比例税思想最早可以追溯到斯密的《国富论》一书，而所得税意义上的单一比例所得税思想产生的比较晚。斯密主张比例课税原则，减少税收对于市场经济的干预。许多著名的经济学家，特别是国外的知名经济学家有探讨单一比例所得税和累进所得税，从而丰富了单一税改革的理论基础。

本文按照单一比例所得税的思想演化路径，对国内外关于单一比例所得税和累进

＊　陶瑞翠，上海财经大学公共经济与管理学院，E-mail：taoruicui@163.com。

税的争辩,特别是国外著名经济学家对于单一比例所得税的研究进行回顾总结,依据对于单一比例所得税的支持与反对两种截然不同的思想,分别对于国外和国内学者的学术争辩进行综述,最后从总体视角评述单一比例所得税的思想演变情况。

二、国外关于单一比例所得税的思想研究

国外最早研究单一比例所得税,并且成果丰富,不仅包括著名经济学家的论述,还包括系统的最优所得税理论研究。比例所得税和累进所得税是两种不同的所得税方案,因此在综述单一比例所得税思想研究的时候,依据不同经济学流派对于单一比例所得税的支持与反对态度分别进行系统述评。

(一)支持单一比例所得税的研究

1. 古典学派的单一比例所得税思想

亚当·斯密(Adam Smith)和约翰·穆勒(John Stuart Mill)作为古典学派的代表人物,他们主张经济自由,发挥市场这只"无形的手"在资源配置中的基础性作用,而政府只需要发挥守夜人的作用,尽可能地减少对经济的干预。由于更多地强调市场的作用,因此在税收方面,他们都主张实施比例税率,最大限度地降低政府的干预程度,穆勒指出"除非政府干预能带来很大便利,否则便绝不允许政府进行干预"①。

事实上,斯密并没有明确指出支持单一比例所得税,在其著作《国富论》发表的时候个人所得税还没有诞生。② 由于单一比例所得税的特点之一是比例税率,因此更准确地说是斯密表达了对于比例税率的支持。他在《国富论》第五篇"论君主或国家的收入"第二章"论一般收入或公共收入的源泉"中详细讨论了赋税方面的内容,总体上表达了对于比例税率的赞成态度,主要是基于比例税率对市场的干预作用最小,不会破坏自由市场竞争规则。此外,斯密提出了公平、确实、便利和经济等四项税收原则,从总体上规范了税收制度的制定规则,其中平等原则至关重要,他认为"一国国民,都须在可能的范围内,按照各自能力的比例,即按照各自在国家保护下享受的收入的比例,缴纳国赋,维持政府。所谓税收制度的平等或不平等,便取决于是遵守还是忽视这条

---

① [英]约翰·穆勒.政治经济学原理(下).赵荣潜,等,译.北京:商务印书馆,1991:372.
② 个人所得税最早诞生于1799年的英国,当时为了镇压法国大革命需要筹措战争军费,首相小威廉·皮特(William Pitt the Younger)提出了两档累进的所得税,并希望筹集1000万英镑的收入,实际筹得了600万英镑的税收收入;而《国富论》的出版时间是1776年。

原则"①,从中可以看出他对比例课税原则的重视程度。

穆勒对于单一比例所得税的支持主要来源于 1848 年发表的《政治经济学原理》一书,他在该书中表达了对于斯密提出的四项税收原则的赞成态度,并且重点论述了平等原则,认为"课税平等就意味着所作出的牺牲平等"②。穆勒明确支持单一比例所得税,并指出这种所得税需要满足三个条件③"低于某一数额的收入应完全给予免税""凡高于此限度的收入仅仅应按照超出额的比例课税""所有储蓄起来的收入和用于投资的收入都应给予免税"。穆勒认为单一比例所得税符合斯密提出的四项税收原则,而累进所得税是对于勤勉和节约的课税,"对较高的收入征收较高的税,无异于勤劳节俭征税,无异于惩罚那些工作比邻人努力、生活比邻人节俭的人。受限制的,不应是通过劳动获得的财富,而应是不劳而获的财富"④。

2. 新自由主义的单一比例所得税思想

新自由主义诞生于 19 世纪 70 年代,是对古典经济学思潮的回归,同样强调自由竞争市场的重要性,反对政府对于经济不必要的干预,具有以下六个方面的特点:一是市场是完全自由的竞争、二是倡导个人主义、三是提倡自由放任的市场经济、四是支持发挥"看不见的手"的力量、五是反对政府过多干预经济、六是主张私有化。其中伦敦学派的哈耶克、货币学派的弗里德曼以及以布坎南为代表的公共选择学派都表达对于单一比例所得税的支持态度,比例税率的所得税减少了政府对于市场的干预。

弗里德里希·哈耶克(Friedrich Hayek)崇尚经济自由,其关于单一比例所得税的思想主要来自于 1960 年发表的《自由宪章》一书。该书从自由的概念出发,探讨了自由同社会伦理的多维度的关系,并论证了自由在社会实践当中的价值所在。在该书的第二十章税收与再分配中,哈耶克从八个方面深入讨论了反对累进所得税的原因,并表达了对于单一比例所得税的赞成态度。他批评了累进所得税对于总税收收入的贡献不大,对于不同收入群体的税收歧视,对于工作激励和投资意愿的有害影响,认为"累进税的唯一的主要后果是严厉地限制了最有成就者本能赚取的收入,由此满足了境况较差者的嫉妒心"⑤,而"比例税可使得对各种工作的净报酬所得之间的关系保持

① 亚当·斯密.关于国民财富的性质和原因的研究(下).北京:商务印书馆,1983:384.
② 约翰·穆勒.政治经济学原理(下).赵荣潜,等,译.北京:商务印书馆,1991:376.
③ 约翰·穆勒.政治经济学原理(下).赵荣潜,等,译.北京:商务印书馆,1991:404.
④ 约翰·穆勒.政治经济学原理(下).赵荣潜,等,译.北京:商务印书馆,1991:381.
⑤ 哈耶克.自由宪章.杨玉生,等,译.北京:中国社会科学出版社,1999:479.

不变"①。虽然哈耶克有提出个人整体税负的比例性概念,但是他并不关心税制是单一比例所得税制还是复合税制,在具体分析的过程中,他以个人所得税为例,说明个人所得税应呈现单一比例税率的特点。

米尔顿·弗里德曼(Milton Friedman)认为政府对市场的干预应该减少,反对二战以来凯恩斯主义的盛行,并且指出累进征收的所得税并没有起到收入再分配作用,其关于单一比例所得税的思想主要来源于 1962 年出版的《资本主义与自由》一书。弗里德曼通过指出累进所得税的缺点,进而表达对于单一比例所得税的支持。他指出,"个人所得税作用的不肯定的性质以及它在减少不均等程度上的有限效果已经得到研究这个问题的学者的广泛赞同,包括许多强烈地主张使用累进税来减少不均等的程度的人"②,说明了累进所得税在调节收入分配作用方面的有限作用。进而他指出,"作为一个自由主义者,我很难看出任何单纯地为了再分配收入而施加累进赋税的理由。这种赋税似乎是一个显著的事例来使用强制手段从某些人那里拿取一些东西,把它们给予别人,因而,和个人自由发生了正面冲突。把一切考虑在内以后,在我看来,个人所得税的最好的机构是在收入的一定的免税额以上抽取固定比例的税"③,说明了单一比例所得税不仅没有侵犯个人自由,还减少了税收对于经济的干预程度,有利于资源配置效率的提升。

杰佛瑞·布伦南(Geoffrey Brennan)和詹姆斯·布坎南(James McGill Buchanan Jr.)作为公共选择学派的代表人物,他们将市场分析方式引入政府,假设政府也是经济人,追求收入的最大化。通过分析指出,无论是在单个还是多个纳税人的情况下,收入最大化的比例制税收体系总是能够产生更多的税收收入,"线性累进制方案与收入最大化的比例税率结构相比,总是只能够得到较少的税入……任何这样的体系,把一种明确的免税规定与完全统一比例税率结合在一起,所征到的税肯定少于收入最大化的比例制税率结构,这是因为从每个纳税人得到的税都较少"④,从而表明了对于单一比例所得税的支持态度。但他们同时指出"不过有必要提醒那些试图推行税率统一,把它作为限制整体税收增长的一种手段的人,这种关系优势可能发生逆转。广税基的比例制税的整体征税潜力,总是倾向于大于在大体相当的税基上的高累进税率"⑤。

① 哈耶克.自由宪章.杨玉生,等,译.北京:中国社会科学出版社,1999:485.
② 弗里德曼.资本主义与自由.张瑞玉,译.北京:商务印书馆,2004:186.
③ 弗里德曼.资本主义与自由.张瑞玉,译.北京:商务印书馆,2004:187.
④ 杰佛瑞·布伦南,詹姆斯·布坎南.宪政经济学.冯克利,等,译.北京:中国社会科学出版社,2004:64.
⑤ 杰佛瑞·布伦南,詹姆斯·布坎南.宪政经济学.冯克利,等,译.北京:中国社会科学出版社,2004:229.

他们想说明的是"作为潜在纳税人的个人,把他放在一种假想的处境中,允许他在约束政府征税权的不同方案中进行选择,他会理性运用自己的选择权,施加这种约束"[①]。布伦南和布坎南在《宪政经济学》一书中指出"只要规则是公平的,并得到了遵守,则任何结果都是可以接受的"[②]。

3. 最优线性所得税理论

最优线性所得税理论属于最优所得税理论的组成部分之一,该理论兼顾效率和公平原则,探讨最优的所得税税率设计,如果得出的结论为线性的,则相当于支持单一比例税率的个人所得税。Sheshinski(1972)最早研究了最优线性所得税,指出如果劳动供给是净工资率的非递减函数,那么最优边际税率是有界的,且随着最小劳动供给弹性递减,值得注意的是该结论不依赖于个人效用函数的形式和总体中个人的能力分布。Allen(1982)论述了工资的内生性在最优线性所得税税率决定中的重要性,所以存在通过财政政策的直接的再分配效应和通过工资变化的一般均衡再分配效应,当然这两种效应的大小取决于生产函数替代弹性和劳动供给弹性,结果表明一般均衡效应强于直接再分配效应,所以对低收入者的净再分配效应涉及工资补贴。Hellwig(1986)放宽了之前学者研究的假设条件,同样得出了正的边际税率。Boadway等(1991)探讨了存在职业选择情况下最优线性所得税的问题,引入了不确定性、个人能力的异质性以及风险厌恶等因素对税率的影响。

(二)反对单一比例所得税的研究

1. 马克思主义的所得税思想

卡尔·海因里希·马克思(Karl Heinrich Marx)和弗里德里希·冯·恩格斯(Friedrich Von Engels)主要从阶级斗争的角度反对单一比例所得税,认为比例税率并不能缩小资产阶层和无产阶层的收入差距,强调通过"征收高额累进税等措施来对所有权和资产阶级生产关系进行强制性的干涉"[③]。通过实施累进所得税,是"无产阶层将把他们的政治支配权用于从资产阶层中逐步夺取所有资本,把所有生产工具集中到国家手里"[④]的措施之一。

马克思和恩格斯结合当时欧洲的资本主义的政治经济发展情况,科学总结工人运动的经验,吸收和改造人类思想文化的优秀成果,创立了历史唯物主义理论。他们还

---

① 杰佛瑞·布伦南,詹姆斯·布坎南.宪政经济学.冯克利,等,译.北京:中国社会科学出版社,2004:238.
② 杰佛瑞·布伦南,詹姆斯·布坎南.宪政经济学.冯克利,等,译.北京:中国社会科学出版社,2004:20.
③ 马克思恩格斯选集.北京:人民出版社,2012:421.
④ 哈耶克.自由宪章.杨玉生,等,译.北京:中国社会科学出版社,2004:474.

参与建立无产阶层政党,制定了党的理论纲领和策略原则,阐述了科学社会主义的基本观点。由于资产阶级占据了大量的社会资源,剥削无产阶层的剩余价值,造成了贫富差距的日益分化,马克思和恩格斯主要从阶级斗争的视角强调通过实施差别比例的累进所得税,对资产阶级课以重税,对无产阶级课以低税,从而实现财富在高低收入群体之间的转移,改善无产阶层的收入水平。然而,关于对累进税的支持,也只是他们在无产阶层革命中的一种号召,并没有得到具体的实施。然而有趣的是,自20世纪初以来,累进所得税逐渐在资本主义国家兴起,并且逐渐成长为世界上主要的资本主义国家的主体税种。

2.德国历史学派的所得税思想

德国历史学派主张结合具体的历史背景分析经济问题,反对古典学派的"中性税收"的理论,主张实施积极的社会政策税收,并不只是将税收看成筹集财政收入的工具之一,更重要的是将其作为改变国民收入分配状况的工具,从而赋予税收广泛的经济调节和社会职能。谢夫勒和瓦格纳作为该学派的代表人物,他们赞成累进征收的所得税,反对单一比例税率的所得税。

阿尔伯特·谢夫勒(Albert Schaffle)的所得税思想主要源自其发表的《赋税政策原理》和《赋税论》两本书。他认为国家应基于现实的赋税力,向一切有纳税能力的人课税,以实现国民所得在国家需要与私人需要之间的均衡分配。[①] 然而不同纳税之间的纳税能力是有差异的,他指出,"赋税力在社会上因财产及所得的大小而有所不同。大财产高额所得有经常性的非常的需求,平均来看他的纳税力已经和其他人不均衡。因此,对少数的高额所得及大财产采取累进课税,而对低额所得采用递减课税的方式。这种方式不是不平等,相反,它体现了均衡性的要求"[②]。谢夫勒主要是从当时德国的基本历史现实出发,为了缓解日益尖锐的阶级矛盾,通过对富裕阶层征收高税率的所得税政策,运用所得税的收入再分配作用,调节收入分配状况,实现财富的合理分配,使得纳税能力和税收负担水平相适应。

阿道夫·瓦格纳(Adolf Wagner)关于所得税的研究主要源自1877—1901年出版的《财政学》。为了有效调节个人收入和财富的分配,他主张征收累进所得税。瓦格纳认为所得税应该与支付能力相匹配,平等地进行课税,具体的标准应当因时因地而有所不同,所得越多,税率应该越高,所得越少,税率应当越低,从而缓解资产阶级和无产

---

① 许建国,蒋晓蕙.西方税收思想.北京:中国财政经济出版社,1996:111.
② 坂入长太郎.欧美财政思想史.张淳,译.北京:中国财政经济出版社,1987:295—296.

阶级之间的矛盾。他还提出了四端九项税收原则,其中社会政策的原则包括两项:一是普遍的原则,即每一个享受国家提供利益的国民,都应当向政府履行纳税义务,赋税应当普遍,而不能偏于某一阶层、某一地区或某一职业;二是平等的原则,即根据社会公正的要求,不得以财产收入的多少按比例课税,而应当依照每个纳税人的纳税能力,按照累进税原则征收税收。收入多、负担能力强的多纳税,收入少、负担能力弱的少纳税。他建议,对生活在下层人民所必需的收入应减轻税收负担,可以直接免除其税负,体现了对于基本生存权利的保障。

3.凯恩斯主义的所得税思想

凯恩斯主义支持实施累进所得税度,认为累进税率的所得税是公平分配社会财富和收入的最好办法。通过政府的课税活动,可以将一部分人的收入集中于国家,再支付给另一部分人,从而使得人们的税后收入趋于公平分配。凯恩斯和萨缪尔森作为凯恩斯主义的代表人物,他们支持累进征收的所得税,反对单一比例税率的所得税。

约翰·梅纳德·凯恩斯(John Maynard Keynes)的所得税思想主要来自于1936年出版的《就业、利息和货币通论》一书,虽然该书并没有设专门的章节讨论所得税,但是可以看出他对于累进税率所得税的赞成态度。他认为"国家必须用改变租税体系、限定税率以及其他方法,指导消费倾向;建立一个直接税体系,使得理财家、雇主以及诸如此类人物之智慧、决策、行政技能等,在合理报酬之下为社会服务"[①],即实现以间接税为主的税收体转变为以直接税为主的税收体系,利用税收政策干预经济。除此之外,税率应该由固定税率和比例税率转向实行累进税率。凯恩斯认为大量社会财富集中在少数富人手中,不仅不公平,而且这些富人往往过分倾向于节俭储蓄,就必然会大大降低消费倾向,更不利于资本积累。只有改变税收体系,加大直接税的比重,并采取累进税率加重对富有阶级的课税,重新分配收入,才能有效提高消费倾向,从而有利于资本积累的增长。

保罗·萨缪尔森(Paul A. Samuelson)是凯恩斯主义的集大成者,首次将数学分析方法引入经济学,并帮助经济困境中上台的肯尼迪政府制定了著名的"肯尼迪减税方案",他的所得税思想主要源自于1948年出版的《经济学》,表达了对于累进所得税的支持,反对单一比例所得税。由于相比较于单一比例税率的个人所得税,累进所得税具有较强的收入再分配作用,他指出"个人所得税是累进税的,具有把收入从富人那里

---

① 凯恩斯.就业、利息和货币通论.高鸿业,译.北京:商务印书馆,1999:325.

再分配给穷人的倾向"[①]，因此他反对单一比例所得税。而且基于所得税的实践，他指出"受益税在政府收入中的份额正在下降，现在发达国家更多地依赖于累进所得税"[②]。

4. 最优非线性所得税理论

最优非线性所得税理论属于最优所得税理论的组成部分之一，该理论兼顾效率和公平原则探讨最优的所得税税率设计，如果得出的结论为非线性的，则等同于支持累进所得税，反对单一比例税率的所得税。Mirrlees(1971)研究得出的最优所得税税率为非线性的，即边际税率处在 0 和 1 之间、对最高收入的个人的边际税率应为 0、具有最低工资率的人正在最优状态下工作的边际税率应为 0。Sadka(1976)探讨了不同社会福利函数形式下最优所得税的选择，并指出所得税存在两种效应，即对劳动供给和税后收入分配的影响，证明了最富有人的最优边际税率为 0。Seade(1977)同样论证了最高收入者的最优边际税率为 0，如果最高收入者的边际税率大于 0，则存在帕累托改进的余地。Stiglitz(1982)深化了最优所得税研究，考察了离散型情形下如何课税才能同时符合效率和公平的原则，指出对高收入者课以 0 税率。Atkinson 和 Stiglitz(1976)将所得课税置于整个税制结构中考虑，指出在偏好满足可分性和同质性时，如果对所得实行差别税率，则差异化的商品课税是无用的。Diamond(1998)和 Saez(2001)指出最优非线性所得税可以用弹性公式表达。Diamond 和 Saez(2011)将最优非线性所得税的理论与实践联系起来，指出高收入者应适用高边际税率、给予低收入者补贴以刺激劳动供给。Fleurbaey 和 Maniquet(2006)通过构建模型，即假设不同的参与者有不同的技能，且对消费和休闲有不同的偏好，按照公平和效率原则找出最优的税收，结果表明对收入越低的人征收的税收的平均税率应是最低的，因此一个最优的税制应该对低收入群体进行税收补贴。Piketty 等(2014)构建了最高收入者的最优所得税率模型，指出税收通过劳动供给、避税和补偿谈判等三个途径进而影响劳动者收入。

三、国内关于单一比例所得税的思想研究

国内学者关于单一比例所得税的研究起步比较晚，受单一比例所得税在部分国

---

① 保罗·萨缪尔森，威廉·诺德豪斯.经济学.萧琛，译.北京:商务印书馆,2014:291.
② 保罗·萨缪尔森，威廉·诺德豪斯.经济学.萧琛，译.北京:商务印书馆,2014:292.

家,特别是 2001 年俄罗斯加入单一比例所得税俱乐部以后影响力加深,我国学者开始关注单一比例所得税,并结合我国的个人所得税制度的具体情况开展研究。这方面的研究可以进一步细分为支持单一比例所得税的研究和反对单一比例所得税的研究。

(一)支持单一比例所得税的研究

支持单一比例所得税的学者认为单一比例税同样具有一定程度的累进性。在纳税的绝对量方面,富人比穷人缴纳更多数额的个人所得税,而且单一比例所得税有利于促进经济增长,降低了税收的征管成本,提升经济运行的效率。

一些学者是从单一比例所得税的优点出发说明单一比例所得税的优越性:刘穷志(2003)分析了单一比例所得税的经济效应和税收效应;马蔡琛(2007)指出单一比例所得税符合税收中性的原则,并且可以解决重复征税的问题;邓子基和张华东(2008)分析了单一比例所得税对社会公平和经济增长的影响,认为单一比例所得税不一定比流行的累进税更能带来整体累进性程度的大幅降低以及更公平的收入分配局面;冯兴元和毛寿龙(2010)分析了单一比例所得税的具体改革方案,并就其经济效应和税收效应进行了具体分析,指出应结合我国的具体情况设计单一比例所得税改革方案;刘尚希(2012)论证了单一比例所得税比累进税更便于操作,且同样具有公平收入分配的功能。

另一些学者是结合现实中各国的个人所得税现状论证单一比例所得税的合理性:隋政文(2002)描述了俄罗斯以及其他东欧国家单一比例所得税改革的情况,并说明了其对我国税制改革的借鉴意义;黄建兴和林俊儒(2008)分析了东欧国家利用单一比例所得税率制度取代较高的累进税率,从而减轻劳动者及企业的税收负担,提升就业与投资激励,促进经济的发展;李文(2011)从征管水平出发指出单一比例所得税适合转轨制国家税制需要,在提高税收收入、降低税制效率损失、增强税制公平性、提高国际竞争力等方面具有正面效应;李稻葵(2011)指出当前的个人所得税制度设计十分不合理,已经沦为工薪税,应该进行彻底的改革,实施平税制度,而且当前中国的社会基础并不支持西方发达国家的高税额、高累进的个人所得税;石子印(2013)基于工薪收入分布考虑不同情形下,模拟了单一比例所得税在我国的收入再分配效应,指出我国个人所得税累进税的再分配效应完全可以通过单一比例所得税来实现,单一比例所得税的改革建议不仅能够由于其税率的简化而实现效率的提升,而且还能够同时实现公平。

(二)反对单一比例所得税的研究

反对单一比例所得税的学者认为累进税的收入再分配作用更明显,对收入差距的调节力度更大。在累进所得税制度下,通过对高收入者的最高收入课以更高的边际税率,对低收入者适用更低的边际税率,从而使得高收入者多纳税、低收入者少纳税,从而达到缩小收入差距的目的。

一些学者是从我国个人所得税的实际情况出发指出累进税优于单一比例所得税:盛瑾(2004)认为单一比例所得税不适合我国国情,缺乏可操作性,应优选累进的个人所得税制度,从而平均社会税负,促进经济快速发展和人均收入提高;王剑锋(2004)通过对工薪所得数据的模拟分析指出当前税率结构的不合理性,仍主张继续实行累进税率;刘怡等(2010)指出1980年以来的工薪所得税率表没有调整,建议实行5%～45%的五级超额累进税率。

另一些学者是结合最优所得税理论,指出累进税收入再分配效应更强:郝春虹(2006)一方面论证了最优非线性所得税下最高边际税率不会达到100%,另一方面利用最优线性所得税模型估算了我国的最高边际税率可降至36%;聂佃忠等(2011)在最优线性和非线性所得税的基础上,结合我国的税收特点,提出了具有负所得税的最优非线性所得税;何强(2012)从个体的幸福而非个人的收入出发,研究最优个人所得税税率机制设计,并指出累进的个人所得税制度并不一定有利于幸福水平的提高;王首元和孔淑红(2013)利用比例效用理论,构建了新的最优所得税理论模型,并对2010年我国36个大中城市居民的所得税边际税率效用损失量进行了测算,结果显示2011年9月之前的所得税税率给消费者造成的负担明显偏重。

四、简要评述

虽然国内外都有关于单一比例所得税思想的研究,但是国外关于单一比例所得税思想的研究比较深入和广泛,国内研究大多基于国外的研究成果,并结合我国的个人所得税制改革具体分析单一比例所得税的经济影响。

(一)单一比例所得税思想反映了比例税与累进税之争

单一比例所得税的特点在于对于所有的纳税人适用统一的比例税率,因此关于单一比例所得税思想的研究实际是讨论单一比例税率与累进税率相互替代,即是支持单一比例税率的个人所得税,还是支持累进税率的个人所得税,例如斯密表达了对于比例税率的支持意见,马克思和恩格斯则表达了对于累进税率的支持态度。随着经济学理论的不断发展,关于单一比例所得税思想的研究越来越深入,最优所得税理论结合效率和公平两大原则,利用严格的数理推导得出了不同的结论,包括最优线性和非线性的所得税理论,丰富了单一比例所得税与累进税的争辩。国内学者则是在国外研究的基础上,结合我国的个人所得税制改革的现实问题,分析单一比例所得税改革在我国的可行性。

(二)单一比例所得税思想体现了对于是否支持政府干预的态度

关于是否支持单一比例所得税可以从学者们对于政府干预的态度中加以推断。即从是否主张政府干预经济的视角来看,支持单一比例所得税的学派大多属于自由主义思想,主张尽量保持税收的中性原则,减少税收对于不同要素或产品的相对价格的改变,降低所得税对于市场的干预程度,例如古典学派的斯密和穆勒主张比例税率,减少税收对于经济不必要的干预,政府只需要充当守夜人的角色即可;而反对单一比例所得税的学派大多主张政府干预,强调通过累进所得税改善收入分配状况,通过对高收入阶层施加更高的边际税率,对低收入阶层给予更多的税收优惠,从而使得高低收入阶层之间的税收收入差距缩小,这种累进所得税政策干预了纳税人的劳动供给等市场决策活动,调节了市场分配的经济结果,发挥政府的宏观调控作用,例如德国历史学派和凯恩斯主义都竭力主张政府干预,认为政府的作用并不仅仅局限于守夜人的角色,更多地发挥其对于经济的干预作用,在所得税方面表现为累进课税政策的大力运用。

(三)单一比例所得税思想的产生要结合具体的历史环境

是否支持单一比例所得税还需要结合具体的历史环境,即单一比例所得税思想的产生是基于现实需要的。在斯密的时代,英国刚经历第一次工业革命,资本主义经济处于蓬勃发展时期,市场经济的缺陷没有显现,市场这只无形的手发挥了积极的作用,此时并不需要政府干预,单一比例所得税对于所有的纳税人一视同仁,有利于促进资源的优化配置。而当资本主义经济陷入危机,市场经济的弊端凸显,收入差距的拉大激化了资产阶级和无产阶层的矛盾,政府干预主义日益抬头,尖锐的阶级矛盾需要政府采取适当的调控措施才得以简化或化解,例如马克思主义和德国历史学派的单一比例所得税思想的产生可以足够说明这一问题。因此,对于单一比例所得税的支持或否定态度还需要考虑具体的历史经济环境。

主要参考文献

1. Allen, F. Optimal Linear Income Taxation with General Equilibrium Effects on Wages. *Journal of Public Economics*, 1982, 17(2):135-143.

2. Atkinson, A. B., Stiglitz, J. E. The Design of Tax Structure: Direct Versus

Indirect Taxation. *Journal of Public Economics*，1976，6(1-2)：55-75.

3. Boadway，R.，Marchand，M.，Pestieau，P. Optimal Linear Income Taxation in Models with Occupational Choice. *Journal of Public Economics*，1991，46(2)：133-162.

4. Diamond，P. A. Optimal Income Taxation：An Example with a U-Shaped Pattern of Optimal Marginal Tax Rates. *American Economic Review*，1998，88(1)：83-95.

5. Diamond，P. A.，Saez，E. The Case for a Progressive Tax：From Basic Research to Policy Recommendations. The Journal of Economic Perspectives，2011，25(4)：165-190.

6. Fleurbaey，M.，Maniquet，F. Fair Income Tax. *The Review of Economic Studies*，2006，73(1)：55-83.

7. Hellwig，M. F. The Optimal Linear Income Tax Revisited. *Journal of Public Economics*，1986，31(2)：163-179.

8. Mirrlees，J. A. An Exploration in the Theory of Optimum Income Taxation. *The Review of Economic Studies*，1971，38(2)：175-208.

9. Piketty，T.，Saez，E.，Stantcheva，S. Optimal Taxation of Top Labor Incomes：A Tale of Three Elasticities. *American Economic Journal：Economic Policy*，2014，6(1)：230-271.

10. Sadka，E. On Income Distribution，Incentive Effects and Optimal Income Taxation. *The Review of Economic Studies*，1976，43(2)：261-267.

11. Saez，E. Using Elasticities to Derive Optimal Income Tax Rates. *The Review of Economic Studies*，2001，68(1)：205-229.

12. Seade，J. K. On the Shape of Optimal Tax Schedules. *Journal of Public Economics*，1977，7(2)：203-235.

13. Sheshinski，E. The Optimal Linear Income-Tax. *Review of Economic Studies*，1972，39(3)：297-302.

14. Stiglitz，J. E. Self-Selection and Pareto Efficient Taxation. *Journal of Public Economics*，1982，17(2)：213-240.

15. 坂入长太郎. 欧美财政思想史. 北京：中国财经出版社，1987.

16. 保罗·萨缪尔森，威廉·诺德豪斯. 经济学. 北京：商务印书馆，2014.

17. 邓子基,张华东.单一税对社会公平与经济增长的影响综述.涉外税务,2008(10).

18. 弗里德曼.资本主义与自由.北京:商务印书馆,2006.

19. 哈耶克.自由宪章.北京:中国社会科学出版社,1999.

20. 郝春虹.效率与公平兼顾的最优所得税:理论框架及最优税率估计.当代财经,2006(2).

21. 何强.基于幸福增进的最优个人所得税率机制研究.财经问题研究,2012(6).

22. 黄建兴,林俊儒.东欧国家实施所得税单一税率制度之探讨及对我国之启示.经济研究年刊,2008(8).

23. 杰佛瑞·布伦南,詹姆斯·布坎南.宪政经济学.北京:中国社会科学出版社,2004.

24. 凯恩斯.就业、利息和货币通论.北京:商务印书馆,1996.

25. 李稻葵.个税必须全面系统改革.中国总会计师,2011(9).

26. 李文.征管水平约束下的选择:单一税改革.涉外税务,2011(4).

27. 刘穷志.单一税可行性分析.财政研究,2003(3).

28. 刘尚希.按家庭征个人所得税会更公平吗? ——兼论我国个人所得税改革的方向.涉外税务,2012(10).

29. 刘怡,胡祖铨,胡筱丹.工薪所得个人所得税税率的累进设计:问题与改进.税务研究,2010(9).

30. 马蔡琛.略论单一税视野中的新一轮税制改革.经济问题,2007(10).

31. 马克思,恩格斯.马克思恩格斯选集.北京:人民出版社,2012.

32. 聂佃忠,李庆梅,睢国余.有负所得税的最优所得税再研究.财经研究,2011(5).

33. 盛瑾.综合个人所得税与单一税的选择比较.商业经济,2004(5).

34. 石子印.单一税的再分配效应:基于工薪收入分布的模拟.经济评论,2013(1).

35. 隋政文.单一税:所得税制度改革的新思路.财政研究,2002(12).

36. 王剑锋.个人所得税超额累进税率结构有效性的一个验证——以对我国职工工薪所得数据的模拟为基础.当代财经,2004(3).

37. 王首元,孔淑红.新最优所得税模型探索:基于比例效用理论视角.财经研究,2013(5).

38. 许建国,蒋晓蕙.西方税收思想.北京:中国财经出版社,1996.

39. 亚当·斯密.关于国民财富性质和原因的研究(下卷).北京:商务印书馆,1983.

40. 约翰·穆勒. 政治经济学原理(下). 北京:商务印书馆,1991.

Research on Ideological Evolution of Flat Income Tax

Abstract: The idea of flat income tax has a long history, and scholars at home and abroad have carried out a thorough study. This paper discusses the researches of foreign and domestic scholars on whether or not support flat income tax. Research has shown that the ideological evolution of flat income tax implies the conflict of proportional rate and progressive rate, whether or not in favor of government intervention and reflects different historical circumstances.

Key words: Flat Tax; Proportional Tax Rate; Progressive Tax; Ideological Evolution

基于财富效用的最优公共支出与最优税收*

◎林燕芳

摘　要：经济增长中的最优公共支出和最优税收问题一直是经济学界关注的重要主题。借鉴已有文献的做法，本文在公共支出分别以流量（公共投资）和存量（公共资本）形式影响经济的两种情形下，探索当私人资本具有财富效用时的最优公共支出以及最优税收规则问题。进一步地，利用具体函数形式分析财富效用对消费、产出以及经济增长的影响，试图为我国近年来经济增长出现下滑趋势的现象提供一个解释。研究结果发现，财富效用会影响最优税收规则，特别是存在财富效用时最优资本所得税率不再为零；当公共支出以流量形式进入生产函数时，财富效用不影响最优公共支出规则；在一定条件下，财富效用会阻碍经济增长。

关键词：财富效用；经济增长；最优公共支出；最优税收

财政政策是国家进行宏观调控的主要手段之一，最优公共支出和最优税收问题不仅是政府关心的问题，也是学术界一直在探索的问题。自 Ramsey(1927)推出最优商品税规则以来，经济学家在新古典经济框架下，对最优公共支出和最优税收问题进行了大量的研究并取得了丰硕成果。在新古典经济模型的假设中，经济个体通过消费来获得效用，其积累的财富只能通过提高产出进而增加消费来间接地增加效用，因此消费进入效用函数，财富就没有进入效用函数，且追求效用最大化的经济个体积累财富的唯一目的是增加消费。然而在现实世界，经济个体积累财富不仅仅为了增加消费，还因为积累财富能够为其带来社会地位、满足感和权利等(Weber,1958)。自 Kurz(1968)首次将资本引入效用函数中以来，Cole et al.(1992)、Zou(1994,1995)、Bakshi and Chen(1996)等也陆续论证了财富应该被引入效用函数的观点。与西方发达国家

---

　　* 林燕芳,浙江财经大学财政与公共管理学院,E-mail:lyfjyo123@163.com。本文受到浙江省自然科学基金杰出青年项目(LR14G030001)的资助。

相比,我国私人资本在效用函数中的权重较大(Zou,1994;邹卫星等,2008a),因此探讨财富效用对最优公共支出和最优税收规则的影响问题具有一定意义。Zou(1994)、杨云红等(2001)、邹卫星等(2008b)和邹卫星(2012)等研究表明财富效用权重越大,则消费与资本的比值越小,经济增长率越大,这在一定程度上解释了我国过去三十年间的高投资、低消费、高经济增长率的宏观经济现象,但无法解释我国近年经济增长率逐渐下降的现象。因此,为更好地解释我国当前经济下滑现象,需进一步扩展模型以探讨财富效用与经济增长的关系。

据此,基于财富效用的视角,本文通过构建一般化的理论模型探讨经济增长中的最优公共支出和最优税收问题,并用具体例子进一步分析财富效用权重对最优公共支出、最优税收以及经济增长率等的影响。考虑到当公共支出以不同形式进入生产函数时,对经济及最优政策的影响异同,本文在研究过程中根据公共支出分别以流量和存量形式进入生产函数的两种情形分别进行讨论。

本文余下的内容安排如下:第一部分对已有相关文献进行简要回顾;第二部分构建当公共支出以流量形式进入生产函数的模型,并基于财富效用框架探讨最优税收和最优公共支出规则问题,探析财富效用对稳态时经济增长等的影响;第三部分探讨当公共支出以存量形式进入生产函数且私人资本具有财富效用时的最优税收和最优公共支出规则问题,并探析财富效用对稳态时经济增长等的影响;第四部分对全文进行简短总结。

一、文献回顾

自 Arrow and Kurz(1970)的开创性研究以来,动态最优财政政策问题一直是经济增长理论的一个重要研究主题。

(一)经济增长中的最优税收研究

Judd(1985)指出假定政府追求社会福利最大化,则长期中最优资本所得税率将逐渐地消失,且公共支出应由总额税来筹资。Chamley(1986)在一个 Stackelberg 两阶段博弈模型中刻画最优税收的动态路径,得出最优资本所得税率在长期趋于零的结论,与 Judd(1985)的结论类似。此后,经济学家纷纷通过放宽 Chamley 模型的限制条件来检验长期中最优资本所得税率为零这一结论是否仍然成立。其中,Lucas(1990)、Rebelo(1991)、Jones et al.(1997)等人在广义资本(包含人力资本)的框架里验证了 Chamely 的结论。基于已有经济学家的研究结果,Atkeson 等(1999)沿着 Chamley

(1986)的思路,利用 Primal 方法在逐一放宽 Chamley 模型的条件下进一步归纳得出长期最优资本所得税率为零的结论。

　　然而上述文献都是在公共支出外生的前提下研究这一最优税收问题。Barro(1990)最先构建公共支出内生的经济增长模型,并得出当政府仅以收入税(即扭曲税)为公共支出筹资且生产函数为柯布道格拉斯形式时,最优收入税税率等于公共支出的产出弹性。Turnovsky(2000)通过引入劳动供给弹性扩展 Barro 模型,研究结果得到一组最优税收组合:资本所得税率为零,劳动所得税率等于负的消费税率。Gong and Zou(2002)通过建立一个多级政府的动态模型,同样推导出最优资本所得税率为零的结论。此外,基于 Mirrlees(1971)非线性税收的开创性研究,Golosov et al.(2003)在允许采用任意的非线性税收组合以及纳税人具有私人信息与异质性等更一般化条件下,考察了动态最优税收问题,得到了更为丰富的研究结论。

(二)经济增长中的最优公共支出研究

　　Barro(1990)在特定的生产函数形式下得出公共支出与产出的最优比值等于公共支出的产出弹性。随后,经济学家通过扩展 Barro(1990)所构建的经典模型得出更丰富的结论。Barro and Sala-i-Martin(1992)在公共服务以不同类型[①]进入私人生产函数情况下探索政府的最优生产性公共支出,结果表明公共支出与产出的最优比值均为公共支出的产出弹性,验证了 Barro(1990)的结论。Turnovsky and Fisher(1995)利用比较静态分析法,进一步得出使社会福利最大化的最优公共支出所满足的一般条件为:消费性公共支出的边际效用等于私人消费的边际效用;生产性公共支出的边际产出等于 1。Turnovsky(2000)在引入劳动供给弹性的情况下,通过比较分散经济的税后均衡增长路径与命令经济的最优增长路径,验证了 Turnovsky and Fisher(1995)关于最优生产性公共支出的结论。Chen(2006)在给定收入税率的情况下,研究了当代表性消费者跨期效用达到最大时,消费性公共支出和生产性公共支出的最优比值。金戈和史晋川(2010)通过进一步完善公共支出的划分,推导出一组各类公共支出的最优条件及其相互间的最优比例关系,发展了 Barro 模型。然而单纯研究最优税收或最优公共支出问题均不能对一国的财政政策做出全面的评价(金戈,2010)。金戈(2010)将 Barro 模型关于内生公共支出的特征结合到 Chamley 模型,在一个更为一般的框架里推导出最优资本所得税率为零、最优消费税和最优劳动所得税应保证税后相对价格保

---

　　① Barro and Sala-i-Martin(1992)根据政府提供的公共服务的性质,将公共服务分为具有竞争性和排他性的公共服务、具有非竞争性和非排他性的公共服务以及具有拥挤性的公共服务三种类型。

持不变,以及最优公共支出满足的一般条件。其中纯生产性公共支出和纯消费性公共支出所满足的最优条件与 Barro(1990)、Turnovsky and Fisher(1995)所给出的相应最优公共支出条件是一致的。

在上述研究最优公共支出问题的文献中,生产性公共支出均以流量的形式存在。而在现实中,政府提供很多生产性公共支出是以存量的形式存在的,例如:交通设施、水利工程等基础设施。Futagami et al.(1993)将生产性公共支出以存量的形式(公共资本)引入内生增长模型中,通过修正 Barro 模型考察以存量形式存在的生产性公共支出(公共资本)如何影响经济。结果发现,使社会福利最大化的公共投资与产出的最优比值小于公共资本的产出弹性。随后,Gomez(2004)、Tamai(2008)沿着 Futagami et al.(1993)的研究思路,对最优公共资本问题做了进一步的考察,发现最优生产性公共支出(公共资本)满足:使最后一单位公共资本的边际产出等于私人资本的边际产出。显然,该结论与生产性公共支出以流量的形式进入生产函数从而影响经济所得到的最优生产性公共支出应满足的条件(如:Barro(1990)、Turnovsky and Fisher(1995))不一致。另外,还有些学者认为,现实中生产性公共支出会同时以流量和存量形式影响私人生产从而影响经济,并据此构建了存量—流量模型以进一步考察最优生产性公共支出规则,发现以流量形式存在的那部分生产性公共支出的最优支出规则与 Barro(1990)、Turnovsky and Fisher(1995)的结论一致;以存量形式存在的那部分生产性公共支出的最优支出规则与 Gomez(2004)、Tamai(2008)的结论一致。金戈、朱丹(2015)对生产性公共支出以存量形式影响经济的相关文献进行了梳理,并分别从公共资本拥挤性等几个方面对基本模型进行了修正与扩展。

(三)财富效用的引入

以上关于经济增长中的最优税收和最优公共支出问题的文献研究的共同特征是没有将资本或财富引入到效用函数中,即没有考虑财富效用。财富效用就是将财富引入效用函数,主张资本或财富能和消费一样为经济个体带来效用满足。在新古典经济模型中,追求效用最大化的经济个体积累财富的唯一目的是增加消费,因为经济个体积累的财富不能直接带来效用,只能通过提高产出进而增加消费来间接提高效用。事实上,经济个体积累财富不仅仅为了增加消费,还因为积累财富能够为他带来社会地位、满足感和权利等(Weber,1958)。Kurz(1968)首先将资本引入效用函数中,此后经济学者主要从资本主义精神和社会地位角度论证财富对效用存在影响。Cole et al.(1992)认为单纯的消费最大化动机无法解释为什么那些已经拥有足够几辈子花销的资产的富人(如:美国地产大亨 Donald Trump)仍要承受巨大的压力和风险,继续努力工作以追求更多的财富。Zou(1994,1995)从资本主义精神的角度,引用 Smith (1937)、Weber(1958)、Keynes(1971)、Marx(1977)等学者的观点,系统地论证了为什么财富应该被引入偏好的观点,指出效用不仅是消费的函数,也是资本的函数,并分析效用引入资本后对储蓄投资行为以及经济增长的影响。Bakshi and Chen(1996)在 Chen(1990)、Cole et al.(1992)、Robson(1992)和 Zou(1994)的基础上验证了,投资者除了为消费最大化积累财富之外,还在为提高社会地位不断积累财富。庄子银(2005)将个人财富和社会财富引入效用函数,讨论了企业家精神对于经济的影响。上述研究在论证财富能够给经济个体带来的效用的同时,也说明了引入财富效用会对经济产生影响。鉴于此,本文在财富效用框架下研究经济增长中的最优公共支出和最优税收的问题,探析财富效用对这些最优问题将产生怎样的影响。

另一方面,目前已有一些学者对财富效用如何影响消费储蓄行为以及经济增长进行了研究。王宋涛等(2011)基于消费效用和财富效用的假设,证明了人们在消费和投资分配上最优均衡点的唯一存在性。Zou(1994)认为具有不同程度资本主义精神的国家间,其消费和资本存量路径以及经济增长率也会不同,利用特例证明了在一定条件下,当资本主义精神越强时,经济增长率越大,储蓄率也越高。Bakshi and Chen (1996)发现当投资者更关心社会相对地位时,他的风险规避程度越大且在消费支出方面更节俭。杨云红等(2001)则从社会地位系数和风险规避系数的角度分析,认为当储蓄影响结果超过投资影响时,投资者对其社会地位的关心将促进经济的增长。邹卫星、房林(2008a,2011)和邹卫星(2012)通过建模分析发现,财富效用权重越大,则经济增长率越高,消费资本比越低,并较好地解释了中国宏观经济的高增长、高投资和低消费的典型特征。而目前,我国经济在高投资和低消费的情况下,出现了经济增长下滑的趋势,显然已有结论无法解释这一现象。因此,本文在探讨最优公共支出和最优税收问题的同时,利用具体函数形式进一步分析财富效用对消费、产出以及经济增长的影响,试图为我国近年来经济增长出现下滑趋势的现象提供一个解释。

二、模型一:公共支出以流量形式存在的情形

假定经济中有 N 个同质的消费者,每个消费者拥有一家企业,所有企业都是同质的。本文参照 Barro(1990)、Futagami et al.(1993)的模型,假定政府的公共支出全部为能够促进企业生产率的生产性公共支出,且生产性公共支出作为一种生产外部性进入企业的生产函数。同时,参照 Turnovsky(2000)的做法,假定劳动供给有弹性,且政

府通过资本所得税（税率为 τ_k）、劳动所得税（税率为 τ_w）、消费税（税率为 τ_c）为公共支出筹资。

(一)模型的构建

首先,我们考察公共支出以流量形式进入生产函数的情形,即经济中的公共支出全部为生产性公共支出,且通过转化为生产性公共服务以流量形式进入生产函数,提高企业的生产率。参照 Barro(1990)模型,假定公共服务可以平均分给每一个个体,则代表性企业的生产函数形式为: $y = f(k, l, g)$,其中 k 为人均私人资本,l 为人均劳动供给,g 为人均公共投资(即公共支出的流量形式),该生产函数为二阶连续可微的单调递增凹函数,满足稻田条件。假定 $f_g > 0$ 说明生产性公共支出能够提高企业的生产率。企业追求利润最大化,则有: $r = f_k$,$w = f_l$。

假定代表性消费者无限期存活,且具有连续可微的(凹)瞬时效用函数。追随 Weber(1958)、Cole et al.(1992)、Bakshi and Chen(1996)等人的思想,并参照 Kurz (1968)等人的做法,本文将私人资本引入效用函数,即引入财富效用。则代表性消费者的瞬时效用函数为 $u(c, l, k)$,即消费者的瞬时效用不仅依赖于当前消费和劳动,还依赖于消费者所拥有的资产。其中,c、l、k 分别表示代表性消费者在 t 期的私人消费、劳动供给以及私人资本(为了简洁,在本文省略的书写),假定私人消费和私人资本的边际效用均为正,而劳动的边际效用为负,即 $u_c > 0$,$u_k > 0$,$u_l < 0$。则代表性消费者的跨期效用函数可表示为:

$$U = \int_0^\infty u(c, l, k) \cdot e^{-\rho t} \mathrm{d}t \text{(其中,}\rho > 0 \text{为时间偏好率)} \tag{1}$$

假定消费者的初始资产 $k(0) = k_0$,在 t 期拥有资产 k,资本报酬率为 r,劳动供给为 l,劳动报酬率为 w(为了简洁,在本文省略 t 的书写)。消费者将其税后劳动所得和资本所得用于消费和投资(为了方便,忽略资本折旧),从而消费者的资本积累方程为:

$$\dot{k} = (1 - \tau_k) \cdot r \cdot k + (1 - \tau_w) \cdot w \cdot l - (1 + \tau_c) \cdot c \tag{2}$$

假定政府追求社会福利最大化并实行预算平衡政策,则政府面临的预算约束为:

$$g = \tau_k \cdot r \cdot k + \tau_w \cdot w \cdot l + \tau_c \cdot c$$

社会资源约束条件为:

$$\dot{k} = f(k, l, g) - c - g \tag{3}$$

(二)最优税收和最优公共支出分析

1.分散经济

在分散经济中,消费者在给定政府的财政政策以及自身的资本积累方程条件下,选择消费路径和劳动路径以最大化消费者的跨期效用水平：

$$\max_{c,l}\int_0^\infty u(c,l,k)\cdot e^{-\rho t}dt$$

$$\text{s.t.}\quad \dot{k}=(1-\tau_k)\cdot r\cdot k+(1-\tau_w)\cdot w\cdot l-(1+\tau_c)\cdot c$$

据此，构建 Hamiltom 函数：

$$H=u(c,l,k)+\lambda_0\big[(1-\tau_k)\cdot r\cdot k+(1-\tau_w)\cdot w\cdot l-(1+\tau_c)\cdot c\big]$$

其中，λ_0 为 Hamiltion 乘子，表示增加一单位私人资本存量给消费者带来的边际私人价值。由一阶条件可得：

$$u_c=\lambda_0\cdot(1+\tau_c) \tag{4}$$

$$u_l=-\lambda_0\cdot(1-\tau_w)\cdot w \tag{5}$$

$$\frac{\dot{\lambda_0}}{\lambda_0}=\rho-(1+\tau_c)\cdot\frac{u_k}{u_c}-(1-\tau_k)\cdot r$$

则分散经济中的欧拉方程为：

$$-\frac{u_{cc}\cdot\dot{c}}{u}=(1-\tau_k)\cdot r+\frac{u_k}{u_c}\cdot(1+\tau_c)-\rho \tag{6}$$

2. 命令经济

在命令经济中，政府面临的社会最优问题是：在社会资源约束条件下，通过选择人均消费、劳动供给和公共支出的时间路径来实现社会福利最大化。由于消费者是同质的，社会福利函数等价于一个代表性消费者的效用函数。则，命令经济中政府面临的社会最优问题可以表示为：

$$\max_{c,l,g}\int_0^\infty u(c,l,k)\cdot e^{-\rho t}dt$$

$$\text{s.t.}\quad \dot{k}=f(k,l,g)-c-g$$

由此，构建 Hamilton 函数：

$$H=u(c,l,k)+\lambda\cdot(f(k,l,g)-c-g)$$其中，λ 为 Hamilton 乘子，代表增加一单位资本带来的边际社会价值。

由一阶条件可得：

$$u_c=\lambda \tag{7}$$

$$u_l=-\lambda\cdot f_l \tag{8}$$

$$f_g=1 \tag{9}$$

$$\frac{\dot{\lambda}}{\lambda}=\rho-\frac{u_k}{u_c}-f_k$$

则命令经济中的欧拉方程为：

$$-\frac{u_{cc} \cdot \dot{c}}{u_c} = f_k + \frac{u_k}{u_c} - \rho \tag{10}$$

根据(9)式可知,最优公共支出规则为:$f_k = 1$。该结论与 Turnovsky and Fisher (1995)的结论一致,这说明当公共支出以流量形式进入生产函数时,引进私人资本的财富效用,对最优公共支出的规则没有影响。

3. 分散经济复制命令经济

要使税后的分散均衡路径是一个帕累托最优配置,即使分散经济复制命令经济,则税后的分散均衡路径欧拉方程和命令经济中的社会最优路径欧拉方程一致,由(6)、(10)式得:

$$f_k + \frac{u_k}{u_c} - \rho = (1 - \tau_k) \cdot r + (1 + \tau_c) \cdot \frac{u_k}{u_c} - \rho$$

解得:$\frac{\tau_c}{u_c} = \frac{\tau_k \cdot r}{u_k}$,即当私人资本存在财富效用时,最优税收规则满足:增加最后一单位消费带来的消费税与边际效用之比等于增加最后一单位私人资本带来的资本所得税与相应的边际效用之比。而当私人资本不具有财富效用时,$u_k = 0$,则最优资本所得税率 $\tau_k = 0$,这个结论与 Chamley(1986)、Turnovsky(2000)等结论一致。这说明了,当私人资本对经济个体没有产生直接效用时,最优资本所得税率应为零,而当私人资本能给经济个体带来直接效用时,最优资本所得税率大于零。

当分散经济复制命令经济时,结合分散经济和命令经济中关于控制变量 c、l 的一阶条件可得:$\tau_c + \tau_w = 0$。这里得到的最优消费税与最优劳动所得税之间的关系与 Turnovsky(2000)的结论一致,说明财富效用不影响最优消费税与最优劳动所得税之间的关系。政府在对消费征税的同时对劳动所得进行相应的补贴,以保证消费和闲暇之间的相对价格不被扭曲(金戈,2014),但最优消费税和劳动所得税的大小仍受到财富效用的影响。当保持资本所得税率不变以及消费的边际效用不变时,财富边际效用越大,最优消费税率越小,从而对劳动所得进行的相应补贴也越小。将上述结论总结为命题1:

命题1. 当私人资本具有财富效用且公共支出为生产性公共支出时,假定政府以资本所得税、劳动所得税以及消费税为公共支出筹资,则最优生产性公共支出满足:$f_g = 1$;最优税收规则为:$\tau_c/u_c = \tau_k \cdot r/u_k (u_k \neq 0)$,且 $\tau_c + \tau_w = 0$。

命题1说明了当生产性公共支出以流量形式进入生产函数时,引进私人资本的财富效用不改变最优生产性公共支出的条件,但会影响最优税收规则。当私人资本没有财富效用时,$u_k = 0$,则最优税收规则为:$\tau_k = 0, \tau_c + \tau_w = 0$,与 Chamley(1986)、Turnovsky(2000)等结论一致。

以上在一般框架里探讨了引入私人资本的财富效用后的最优税收和最优公共支出规则问题,并得到命题 1。为了进一步探析财富效用权重对社会最优路径上的最优税收、经济增长率以及消费资本比等的影响,接下来以一个特例来进行分析。

(三)特例

假定代表性消费者的瞬时效用函数具有对数形式:

$$u(c,l,k) = \alpha\ln c + \beta\ln l + \gamma\ln k$$

其中 $0 < \alpha < 1, -1 < \beta < 0, 0 < \gamma < 1$,这些参数分别表示相应变量对数在效用函数中的权重(例如:γ 表示私人资本对数的财富效用权重),反映了资本给消费者带来的直接效用程度。$\beta \in (-1,0)$ 说明了劳动会直接减少消费者的效用。

假定代表性企业的生产函数形式为:

$$y = f(k,l,g) = k^{1-\theta} \cdot l^{\theta} \cdot g^{\theta}$$

其中,$0 < \theta < 1$ 为生产性公共支出及劳动供给的产出弹性。产出对私人资本和劳动供给要素为一次齐次,意味着企业达到利润最大化时,资本租金率(即资本报酬率)等于资本边际产出,即 $r = f_k = (1-\theta) \cdot y/k$,劳动报酬率等于劳动边际产出,即 $w = f_l = \theta \cdot y/l$。

假定政府追求社会福利最大化,且以资本所得税、劳动所得税和消费税为公共支出筹资,并实行预算平衡政策。

现在,让分散经济复制命令经济,使税后分散均衡路径与命令经济中的社会最优均衡路径一致,即稳态时分散经济中各变量的运动路径与命令经济中相应变量的运动路径一致。则由一阶条件可得:

$$\frac{g}{y} = \theta \tag{11}$$

$$\frac{c}{y} = \frac{\theta \cdot \alpha}{-\beta} \tag{12}$$

$$\frac{y}{k} = \frac{-\beta \cdot \rho}{\theta \cdot (\alpha + \gamma)} \tag{13}$$

$$\frac{c}{k} = \frac{\alpha \cdot \rho}{\alpha + \gamma} \tag{14}$$

$$\frac{\tau_k}{\tau_c} = \frac{\theta \cdot \gamma}{-\beta \cdot (1-\theta)} \tag{15}$$

$$\tau_c + \tau_w = 0 \tag{16}$$

$$\varphi = \frac{-\beta \cdot \rho + (\beta - \alpha) \cdot \theta \cdot \rho}{\theta \cdot (\alpha + \gamma)} \tag{17}$$

由(11)式可知,最优公共支出的规则是:公共支出与产出的比值等于公共支出的产出弹性(即 $f_g = 1$),与 Barro(1990)的结论一致;由(15)、(16)式可知,最优税收的规则是: $\frac{\tau_k}{\tau_c} = \frac{\theta \cdot \gamma}{-\beta \cdot (1-\theta)}$, $\tau_c + \tau_w = 0$。这说明当公共支出以流量形式影响经济时,财富效用不影响最优公共支出规则,但会影响最优税收规则,且财富效用权重(γ)越大,最优资本税率越大。

由(13)、(14)式可知,财富效用权重(γ)越大,产出资本比和消费资本比就越小。而由(12)式知,消费产出比不受财富效用的影响。这说明财富效用越大,人们就更倾向于积累更多的财富,消费与产出的下降幅度相同。由(17)式可知,当 $\beta + \theta \cdot \alpha - \theta \cdot \beta < 0$ 时,经济增长率, $\varphi > 0$, $\partial \varphi / \partial \gamma < 0$ 即资本的财富效用权重越大,经济增长率越小。将上述结论总结为命题2:

命题2.在公共支出以流量的形式进入生产函数的情形中,当消费者效用函数为 $u(c, l, k) = \alpha \ln c + \beta \ln l + \gamma \ln k$,生产函数为 $y = k^{1-\theta} \cdot l^\theta \cdot g^\theta$ 时,在社会最优路径上,私人资本的财富效用权重(γ)越大,最优资本所得税率越高,产出资本比值越小,消费资本比值越小,而对最优公共支出规则以及消费产出比值没有影响,且最优消费税和劳动所得税之和仍为零;在一定条件($\beta + \theta \cdot \alpha - \theta \cdot \beta < 0$)下,经济增长率 $\varphi > 0$,且私人资本的财富效用权重越大,经济增长率越小。

命题2意味着,私人资本的财富效用权重越大,资本给经济个体带来的直接效用就越大,因此经济个体就倾向于将更多比例的收入用于资本积累,减少消费。基于资源禀赋差异,当财富效用权重越大,具有较多资本积累的经济个体越热衷于通过积累更多的资本,获得更多的资本报酬总量,从而更加富有;而拥有较少资本积累的个体在获得资本报酬的能力上严重受到限制,就变得相对越来越穷,甚至被迫减少消费(而非由财富效用权重增大引起个体主观上主动减少消费),贫富两极分化进一步加剧。从整个经济体来看,就会出现人们不断地投资积累财富,而整体消费水平较低。此时,由私人消费不足造成的经济增长率降低的幅度大于由资本存量增大带来的经济增长率的上升幅度,所以财富效用权重的增大对经济增长率带来的总效用是经济增长率下降。现通过分解经济增长率做进一步分析:

结合(10)式可知, $\varphi = f_k + \frac{u_k}{u_c} - \rho (\lambda = u_c) = \frac{-\beta \rho \cdot (1-\theta)}{(\alpha + \gamma) \cdot \theta} + \frac{\gamma \cdot \rho}{\alpha + \gamma} - \rho$,当财富效用

权重 γ 越大时,等式右边的第一个式子(表示资本的边际产出)越小,第二个式子(表示资本与消费的边际效用之比)越大,第三个式子保持不变。可以看出财富效用权重对经济增长率 φ 的作用是双向的:一方面,提高财富效用权重 γ,会提高资本与消费的边际效用之比,从而减少消费增加资本积累,增加产出,提高经济增长率;另一方面,由于财富效用权重 γ 的提高,在增加资本积累的同时也在不断增加生产的资本投入,当资本投入超过一定水平时会造成生产要素投入失衡,资本的边际产出下降,从而降低经济增长率。由于当 $\beta+\theta \cdot \alpha-\theta \cdot \beta<0$ 时,经济增长率 $\varphi>0$, $\partial\varphi/\partial\gamma<0$,说明了此时财富效用权重对资本的边际产出的影响强度大于对资本和消费的边际效用之比的影响,增加财富效用权重将导致经济增长率下降。这表明,随着财富效用权重的提高,财富的大量积累使得资本边际产出大大减少,以至于使经济增长率的下降幅度大于由资本和消费的边际效用比值增加带来的经济增长率的上升幅度,最终降低了经济增长率。此时,如果通过作用于决定财富效用权重的因素,降低财富效用权重,减缓大投资者积累财富的速度,把更多的收入用于消费,提升市场对商品的需求,对商品需求的增加促进企业增加产量,在资本投资速度减缓的情况下厂商更倾向于通过提高工资增加雇佣劳动力来增加产量,这样,劳动者的收入水平提高,消费能力提升,从而市场对商品的需求也将进一步增加。如此进行下去,经济增长率将进一步提高,而贫富差距也将有所缩小。

三、模型二:公共支出以存量形式存在的情形

上一部分在引入财富效用的框架下,研究当生产性公共支出以流量形式进入生产函数时的最优税收和最优公共支出规则问题,并利用具体函数形式进一步研究私人资本的财富效用权重如何影响经济。接下来,我们分析当生产性公共支出以存量形式存在的情形。

(一)模型的构建

考察公共支出以存量形式进入生产函数的情形。在 Barro 模型中,生产性公共支出提供的公共服务以流量的形式进入生产函数,然而,现实中的生产性公共服务(例如交通运输、水利设施等基础设施)大多以存量形式影响经济。为此,Futagami et al. (1993)等人采用存量法,将生产性公共支出以存量形式(即生产性公共资本)引入生产函数,构建了带有公共资本积累的增长模型。参照 Futagami et al. (1993)构建的模型,并假定公共服务可以平均分给每一个个体,构建代表性企业的生产函数:$y=f(k,$

$l, k_g)$，其中 k_g 为人均公共资本（即生产性公共支出的存量形式），该生产函数为二阶连续可微的单调递增凹函数，满足稻田条件。企业追求利润最大化，则有：$r = f_k, w = f_l$。公共资本积累方程为：$\dot{k}_g = g_I$，其中 g_I 为第 t 期的公共投资。

假定代表性消费者无限期存活，且其瞬时效用函数仍为 $u(c, l, k)$，则代表性消费者的跨期效用函数仍由（1）式表示，代表性消费者的资本积累方程由（2）式表示，社会资源约束条件为：$\dot{k} = f(k, l, k_g) - c - g_I$。

（二）最优税收和公共支出的分析

1. 分散经济

在分散经济中，消费者在给定政府的财政政策下，基于自身的预算约束条件（如（2）式所示），选择消费路径和劳动路径以最大化消费者的跨期效用水平（如（1）式所示）。构建 Hamilton 函数可解得，对控制变量 c、l 的一阶条件分别如（4）式 $u_c = \lambda_0 \cdot (1 + \tau_c)$ 和（5）式 $u_l = -\lambda_0 \cdot (1 - \tau_w) \cdot w$ 所示，且该分散经济中的欧拉方程如（6）式所示：$-\dfrac{u_{cc} \cdot \dot{c}}{u} = (1 - \tau_k) \cdot r + \dfrac{u_k}{u_c} \cdot (1 + \tau_c) - \rho$。

2. 命令经济

在命令经济中，政府面临的社会最优问题是：在社会资源约束条件及公共资本积累条件下，通过选择人均消费、劳动供给和公共投资的时间路径来实现社会福利最大化。由于消费者是同质的，社会福利函数等价于一个代表性消费者的效用函数。则命令经济中政府面临的社会最优问题可以表示为：

$$\max_{c, l, g_I} \int_0^\infty u(c, l, k) \cdot e^{-\rho t} dt$$

$$\text{s.t.} \quad \dot{k} = f(k, l, k_g) - c - g_I$$

$$\dot{k}_g = g_I$$

构建 Hamilton 函数：

$$H = u(c, l, k) + \lambda \cdot [f(k, l, k_g) - c - g_I] + \mu \cdot g_I$$

其中，Hamilton 乘子 λ 代表增加一单位私人资本带来的边际社会价值，Hamilton 乘子代表增加一单位公共投资带来的边际社会价值。

由一阶条件可得：

$$\lambda = \mu \tag{18}$$

$$\frac{\dot{\lambda}}{\lambda} = \rho - f_k - \frac{u_k}{u_c} \tag{19}$$

$$\frac{\dot{\mu}}{\mu} = \rho - f_{k_g} \tag{20}$$

另外,对控制变量 c、l 的一阶条件分别如(7)式 $u_c = \lambda$ 和(8)式 $u_l = -\lambda \cdot f_l$ 所示,且可得该命令经济中的欧拉方程如(10)式所示,即: $-\frac{u_{cc} \cdot \dot{c}}{u_c} = f_k + \frac{u_k}{u_c} - \rho$。

联立(18)、(19)、(20)式可知,最优公共支出规则为: $f_k + u_k/u_c = f_{k_g}$,即最优公共支出规则应满足:公共资本的边际产出与私人资本边际产出的差等于私人资本的边际效用与私人消费的边际效用之比,即最优公共支出的取值受财富效用权重的影响。当私人资本不具有财富效用时,$u_k = 0$,最优公共支出规则为: $f_k = f_{k_g}$,该结论与 Tamai (2008)等人得出的结论一致。这说明了在社会最优路径上,与私人资本不具有财富效用的情况相比,当私人资本具有财富效用时,公共资本存量较少。

3.分散经济复制命令经济

要使税后的分散均衡路径是一个帕累托最优配置,即使分散经济复制命令经济,则税后的分散均衡路径欧拉方程与命令经济中的社会最优路径欧拉方程一致,即:

$$f_k + \frac{u_k}{u_c} - \rho = (1 - \tau_k) \cdot r + (1 + \tau_c) \cdot \frac{u_k}{u_c} - \rho$$

化简得: $\tau_c/u_c = \tau_k \cdot r/u_k (u_k \neq 0)$。联立一阶条件(4)、(5)、(7)、(8)式推导出: $\tau_c + \tau_w = 0$。显然不管公共支出是以流量形式还是以存量形式影响经济,得到的最优税收规则均为: $\tau_c/u_c = \tau_k \cdot r/u_k (u_k \neq 0)$,$\tau_c + \tau_w = 0$。将以上结论总结为命题3:

命题3.在私人资本具有财富效用且生产性公共支出以存量形式促进生产率的经济中,假定政府以资本所得税、劳动所得税以及消费税筹资,则最优生产性公共支出的满足条件为 $f_k + u_k/u_c = f_{k_g}$;最优税收规则为: $\tau_c/u_c = \tau_k \cdot r/u_k (u_k \neq 0)$,且 $\tau_c + \tau_w = 0$。

命题3说明了当生产性公共支出以存量形式进入生产函数时,私人资本的财富效用既影响最优生产性公共支出的满足条件,也会影响最优税收规则,特别是最优资本所得税率不再为零。当私人资本没有财富效用时,最优生产性公共支出的条件为 $f_k = f_{k_g}$,此时与 Tamai(2008)等人的结论一致;最优税收规则为: $\tau_k = 0$,$\tau_c + \tau_w = 0$,该结论与 Chamley(1986)、Turnovsky(2000)等结论一致。

上述在公共支出以存量形式影响经济的一般框架里探讨了引入私人资本的财富效用后的最优税收和最优公共支出规则问题,并得到命题3。为了进一步探析财富效用权重大小对最优税收、最优公共支出、经济增长率以及消费资本比等等的影响,我们给出一组具体的函数形式来说明。

(三)特例

假定代表性消费者的瞬时效用函数具有对数形式:

$$u(c,l,k) = \alpha\ln c + \beta\ln l + \gamma\ln k,$$

其中 $0<\alpha<1, -1<\beta<0, 0<\gamma<1$,这些参数分别表示相应变量对数在效用函数中的权重(例如:表示私人资本对数的财富效用权重大小),反映了消费者的偏好程度。 $\beta\in(-1,0)$ 说明了劳动会减少消费者的效用。

假定代表性企业的生产函数形式为:

$$y = f(k,l,k_g) = k^{1-\theta} \cdot l^{\theta} \cdot k_g^{\theta}$$

其中, $0<\theta<1$ 为生产性公共资本及劳动供给的产出弹性。产出对私人资本和生产性公共资本(或劳动供给)为一次齐次,意味着企业达到利润最大化时,资本租金率(即资本报酬率)等于资本边际产出,即 $r=f_k=(1-\theta) \cdot y/k$,劳动报酬率等于劳动边际产出,即 $w=f_l=\theta \cdot y/l$,且内生增长经济存在稳态。

同样的,追求社会福利最大化的政府以资本所得税、劳动所得税和消费税为公共支出筹资,实行预算平衡。现在,为使分散经济复制命令经济,则分散经济中的欧拉方程应于命令经济中的欧拉方程相等,且稳态时分散经济中各变量的运动路径与命令经济中相应变量的运动路径一致。则由一阶条件可知,消费产出的最优比值如(12)式所示: $c/y=-\theta \cdot \alpha/\beta$,即财富效用不影响消费产出比值,且:

$$\frac{k}{k_g} = \frac{1-\theta}{\theta} - \frac{\gamma}{\beta} \tag{21}$$

$$\frac{g_l}{y} = \frac{\theta \cdot (\beta+\theta\alpha)}{\beta-\theta\gamma} \tag{22}$$

$$\frac{y}{k} = \frac{-\beta\rho \cdot (\beta-\theta\gamma)}{\theta \cdot (\alpha+\gamma) \cdot (\beta-\theta\beta-\theta\gamma)} \tag{23}$$

$$\frac{c}{k} = \frac{(\beta-\theta\gamma) \cdot \alpha\rho}{(\alpha+\gamma) \cdot (\beta-\theta\beta-\theta\gamma)} \tag{24}$$

$$\frac{\tau_k}{\tau_c} = \frac{\theta \cdot \gamma}{-\beta \cdot (1-\theta)} \tag{25}$$

$$\tau_c + \tau_w = 0 \tag{26}$$

$$\varphi = \frac{-(\beta+\theta\alpha) \cdot \rho}{\theta(\alpha+\gamma)} \tag{27}$$

由式(21)可知,随私人资本财富效用权重的增大,私人资本与公共资本的比值越大,即私人资本财富效用权重越大,资本的积累给经济个体直接带来的效用就越大,因此经济个体将倾向于积累更多的私人资本,从而最优公共资本相对于私人资本就越小。由(22)式可知,当 $\beta+\theta\cdot\alpha<0$ 时,$g_1/y>0$,且财富效用权重越大,公共投资与产出的最优比值就越小。这是因为财富效用权重 γ 越大,经济个体将积累越多的私人资本,从而产出也不断随之增加。再由(25)、(26)式可得知,财富效用权重越大,最优资本所得税率与最优消费税率的比值就越大,而最优消费税率与最优劳动所得税率之和仍为零。

由(23)式、(24)式知,当 $\beta+\theta\cdot\alpha<0$ 时,$\partial(y/k)/\partial\gamma<0$,$\partial(c/k)/\partial\gamma<0$,即随财富效用权重 γ 的增大,y/k 与 c/k 的比值均越小,而 c/y 不受财富效用的影响。这说明了当人们更加看重持有财富带来的直接效用时,将倾向于积累更多的财富,在有限的收入条件下,消费将相对减少,从而 c/k 随财富效用权重的增大而减小;当资本的平均产出达到最大时,若资本进一步积累,则由于资本边际产出的迅速减少,资本的平均产出将随资本的不断积累而不断下降。与命题2的相应结论一致。

由经济增长率 φ 的表达式可知,由于 $\beta+\theta\cdot\alpha<0$,则 $\varphi>0$,且经济增长率随私人资本财富效用权重的增大而减小。与命题2的相应结论一致。

我们将上述结论总结为命题4:

命题4. 在公共支出以存量的形式进入生产函数的情形中,当代表性消费者具有对数形式的效用函数,且产出对私人资本和劳动供给要素为一次齐次时,在社会最优路径上,私人资本的财富效用权重越大,资本所得税率应该越高;最优公共资本相对于私人资本就越小,但对消费产出比没有影响。在一定条件($\beta+\theta\cdot\alpha<0$)下,$g_1/y>0$,$\varphi>0$ 恒成立,且私人资本的财富效用权重越大,公共投资对产出的最优比值越小;产出资本比越小;消费资本比越小;经济增长率越小。

四、总 结

本文在引入财富效用的基础上,根据公共支出影响经济的不同方式,将研究思路按公共支出分别以流量和存量形式影响经济的两种情形展开。在这两情形下分别研究私人资本的财富效用对社会最优路径上的公共支出规则以及税收规则的影响,并通过具体例子进一步分析财富效用权重如何影响消费行为以及经济增长率等。本文得到的结论有:

1. 在最优公共支出规则方面:在公共支出以流量形式进入生产函数的情形中,最优公共支出的满足条件为 $f_g=1$,与 Turnovsky、Fisher(1995)在没有考虑财富效用的情形下得出的结论一致,说明了私人资本的财富效用没有改变最优公共支出的满足条件。在公共支出以存量形式进入生产函数的情形中,最优公共支出规则为 $f_k + u_k/u_c = f_{k_g}$,而不再是 Tamai(2008)在没有考虑财富效用的情形下提出的 $f_k = f_{k_g}$。由命题 4 可知,在公共支出以存量形式进入生产函数的情形下,财富效用权重越大,私人资本与公共资本的最优比值将越大,最优公共投资与产出比值将越小。

2. 在最优税收规则方面:由命题 1 和命题 3 可知,不管公共支出是以流量还是以存量形式进入生产函数中,最优税收规则均为:$\tau_c/u_c = \tau_k \cdot r/u_k, \tau_c + \tau_w = 0$。当财富效用权重越大时,资本的边际效用也越大,从而最优资本所得税率也越大,而最优消费税率和最优劳动所得税率的征收应保证消费和闲暇之间的相对价格不被扭曲。这说明了,当资本能够为经济个体直接带来效用时,可通过对资本所得进行征税,而对劳动所得进行补贴以最大化社会福利水平。

3. 由命题 2 和命题 4 还可以得知,不管公共支出是以流量还是以存量形式进入生产函数中,在社会最优路径上,随着财富效用的增大,消费资本比值减小,产出资本比值也减小。这说明了当资本在效用中的权重越大时,人们倾向于将更多的收入积累起来,减少消费比例。而随着人们积累的财富不断增加,生产中的资本要素投入也越多,当超过某一点时,进一步增加资本投入将使资本的边际产出迅速下降,最终降低了资本的平均产出。

4. 不管公共支出以何种形式进入生产函数,在一定条件下,财富效用权重越大,经济增长率将越低。可能的原因是:随着私人资本的财富效用权重的增大,经济个体积累财富的意愿就越强烈,在一定收入情况下,资本存量不断增大,私人消费总量进一步减小。这时拥有较多资本的所有者将获得更多的资本报酬,从而进一步积累更多资本,而大部分拥有较少资本的经济个体,通过资本报酬获得更多资本财富的能力受限,拥有的资本也会相对越来越低,甚至出现消费能力不足的局面,贫富两极分化进一步加剧。此时由私人消费的减少造成的经济增长率降低的幅度大于由资本存量增大带来的经济增长率的上升幅度,最终财富效用权重的增大降低了经济增长率。

近年来,我国的经济增长率开始出现了下滑的趋势,政府希望通过促进投资的宏观调控来阻止经济下滑这一现象,但收效甚微;另一方面,我国国内的需求能力仍没有完全释放出来,且受到金融危机的冲击,全球经济逐渐疲软,依靠出口大幅拉动经济的可能性越来越小。已有学者研究表明与发达国家相比,我国具有更大的财富效用权重,且除了资本主义精神、社会地位外,还有一些因素如社会文化和宗教、拜金主义、社会保障体系等也会影响一国居民对财富效用的重视程度。

结合本文结论,即在一定条件下降低财富效用权重能够促进经济增长,提高经济增长率,本文提出的建议是:通过作用于决定资本在效用中权重大小的因素(比如:完善社会保障体系),降低财富效用权重,减缓大投资者积累财富的速度,把更多的收入用于消费,提升市场对商品的需求能力。而对商品需求的增加会促进企业增加产量,在资本投资速度减缓的情况下厂商更倾向于通过提高工资增加雇佣劳动力来增加产量,这样,劳动者的收入水平提高,消费能力提升,从而市场对商品的需求也将进一步增加。

由命题 1 和命题 3 可知,较高的财富效用权重也要求政府增加对资本所得征税以抑制无效率的投资,并对劳动所得进行补贴,增强劳动者的消费能力,提高市场需求。即当财富效用权重发生变化时,政府的最优财政政策也应做出相应调整。如此循环进行下去,在经济增长率得到提高的同时,贫富差距也将有所缩小。

主要参考文献

1. 金戈,史晋川. 多种类型公共支出与经济增长. 经济研究,2010(7).

2. 金戈. 经济增长中的最优税收与公共支出结构. 经济研究,2010(11).

3. 金戈. 最优公共支出与经济增长:理论综述. 经济社会体制比较,2014(1).

4. 金戈,朱丹. 经济增长模型中的公共资本. 经济理论与经济管理,2015(5).

5. 王宋涛,杨薇,吴超林. 中国国民总效用函数的构建与估计. 统计研究,2011(4).

6. 杨云红,邹恒甫. 社会地位、非期望效用函数、资产定价和经济增长. 经济研究,2001(10).

7. 庄子银. 企业家精神、持续技术创新和长期经济增长的微观机制. 世界经济,2005(12)

8. 邹卫星,房林. 为什么中国会发生投资消费失衡? 管理世界,2008a(12).

9. 邹卫星,房林. 财富效用、生产外部性与经济增长——中国宏观经济典型特征研究. 南开经济研究,2008b(3).

10. 邹卫星,房林. 财政政策、收入分配与经济增长——基于财富效用的视角. 经济经纬,2011(2).

11. 邹卫星. 基于财富效用和财政收支结构的经济增长研究. 中央财经大学学报,2012(6).

12. Arrow, Kenneth J. and Mordecai Kurz. *Public Investment, the Rate of Return and Optimal Fiscal Policy*. Baltimore: Johns Hopkins University

Press，1970.

13. Atkeson，Andrew，Chari V. V. and Patrick J. Kehoe. Taxing Capital Income: A Bad Idea. *Federal Reserve Bank of Minneapolis Quarterly Review*，1999，23(3):3-17.

14. Barro，Robert J. Government Spending in a Simple Models of Endogenous Growth. *Journal of Political Economy*，1990，98(S5): 103-125.

15. Barro，Robert J. and Xavier Sala-I-Martin. Public Finance in Models of Economic Growth. *The Review of Economic Studies*，1992，59(4):645-661.

16. Bakshi，Gurdip S. and Zhiwu Chen. The Spirit of Capitalism and Stock-Market Prices. *The American Economic Review*，1996(3):133-157.

17. Cole，Harold L. ，George J. Mailath and Andrew Postlewaite. Social Norms，Savings Behavior，and Growth. *Journal of Political Economy*，1992(100): 1092-1125.

18. Chamley，Christophe. Optimal Taxation of Capital Income in General Equilibrium with Infinite Lives. *Econometrica*，1986，54(3):607-622.

19. Chen，Zhiwu. Changing Tastes and Asset Pricing in Multiperiod Economies. Ph. D. Dissertation，Yale University，1990.

20. Futagami，Koichi，Yuichi Morita and Akihisa Shibata. Dynamic Analysis of an Endogenous Growth Model with Public Capital. *The Scandinavian Journal of Economics*，1993，95(4):607-625.

21. Golosov，Mikhail，Narayana Kocherlakota and Aleh Tsyvinski. Optimal Indirect and Capital Taxation. *Review of Economic Studies*，2003，70(3):569-587.

22. Gomez，M. A. Optimal Fiscal Policy in a Growing Economy with Public Capital. *Macroeconomic Dynamics*，2004，8(4).

23. Gong Liutang and Heng-fu Zou. Fiscal Federalism，Public Capital Formation，and Endogenous Growth. *Annals of Economics and Finance*，2002(4): 471-490.

24. John，Keynes M. *The Economic Consequence of The Peace*. London: St. Martin's Press，1971.

25. Jones，E. Larry，Rodolfo E. Manuelli and Peter E. Rossi. On the Optimal Taxation of Capital Income. *Journal of Economic Theory*，1997(73):93-117.

26. Judd, Kenneth L. Redistributive Taxation in a Simple Perfect Foresight Model. *Journal of Public Economics*, 1985, 28(1):59-83.

27. Kurz, Mordecai. Optimal Economic Growth and Welfare Effects. *International Economic Review*, 1968, 9(3):348-57.

28. Lucas, Robert E. Supply-Side Economics: An Analytical Review. *Oxford Economic Papers*, 1990, 42(2):293-316.

29. Mirrlees, James A. An Exploration in the Theory of Optimum Income Taxation. *Review of Economic Studies*, 1971, 38(2):175-208.

30. Ramsey, F. P. A Contribution to the Theory of Taxation. *The Economic Journal*, 1927, 37(145):47-61.

31. Rebelo, Sergio. Long-Run Policy Analysis and Long-Run Growth. *Journal of Political Economy*, 1991, 99(3):500-521.

32. Robson, A. J. Status, the Distribution of Wealth, Private and Social Attitudes to Risk. *Econometrica*, 1992, 60(4):837-857.

33. Tamai, Toshiki. Optimal Fiscal Policy in an Endogenous Growth Model with Public Capital: A Note. *Journal of Economics*, 2008, 93(1).

34. Turnovsky, Stephen J. and Walter H. Fisher. The Composition of Government Expenditure and Its Consequences for Macroeconomic Performance. *Journal of Economic Dynamics and Control*, 1995(19):747-786.

35. Turnovsky, Stephen J. Fiscal Policy, Elastic Labor Supply, and Endogenous Growth, *Journal of Monetary Economics*, 2000(45):185-210.

36. Weber, Max M. *The Protestant Ethic and the Spirit of Capitalism*. New York:Charles Scribner's Sons, 1958.

37. Zou, Heng-fu. The Spirit of Capitalism and Long-Run Growth. *European Journal of Political Economy*, 1994, 10(2):279-293.

38. Zou, Heng-fu. The Spirit of Capitalism and Savings Behavior. *Journal of Economic Behavior and Organization*, 1995(28):131-143.

Optimal Public Expenditure and Optimal Taxation with Wealth Utilities

Abstract：Optimal public expenditure and optimal taxation question in the economic growth is an important theme capturing peoples attention. According to published articles，this paper explores optimal public expenditure and optimal taxation question with wealth utilities under the two situation：public expenditure effects economy in flow form or in stock form. Additionally，this paper analyzes the effect of wealth utilities on consume，outputs and economic growth with a specific example，trying to explain the phenomenon that our country is suffered from the decline of economic growth rate in recent years. Results find that wealth utilities will affect optimal taxation rule，expect that optimal taxation of capital is no longer zero；wealth utilities won't affect optimal public expenditure rule when public expenditure effects economy in flow form；wealth utilities will hinder economic growth in some condition.

Key words：Wealth Utilities；Economic Growth；Optimal Public Expenditure；Optimal Taxation

财政货币政策交互作用研究

——基于研究范式和渠道机制的文献述评*

◎周 波 侯帅圻

摘 要:财政货币政策交互作用本质、渠道及运行机理,对于理解财政和货币政策的宏观经济效应,并进而指导财政和货币政策设计至关重要。财政货币政策交互作用的早期研究中,博弈论模型进路研究依赖于经济结构模型的理论限制和约束;基于特定政策组合的研究只是财政货币政策实践的片面和局部刻画,因而渠道机制有限;传统新凯恩斯主义动态一般均衡模型中财政政策作用非常有限。初期财政货币政策交互作用研究的局限性内容及其逻辑矛盾,都要求财政货币政策交互作用研究范式转变。因而,放松消费者假设,增加财政变量,拓展新凯恩斯主义动态一般均衡模型,融合更多李嘉图等价不成立特征,为财政货币政策交互作用的总需求尤其是总供给渠道机制正规建模,并以此进行实证研究,成为财政货币政策交互作用研究符合学科发展趋势且可用以政策评价与设计的首选。最后,文章述评近期 DSGE 模型框架内财政货币政策交互作用研究的最新进展。

关键词:财政货币政策交互作用;DSGE;总需求渠道;总供给渠道

现代市场经济条件下,财政和货币政策,是政府进行宏观调控,用于实现彼此矛盾的产出和物价等宏观目标工具箱中最重要的备选工具。20 世纪 90 年代以来,财政货

---

* 周波,东北财经大学财税学院,E-mail:yourab@163.com。侯帅圻,东北财经大学财税学院。本文系国家自然科学基金项目"非线性财政货币政策规则:基于中国的模型、实证和政策引申"(项目批准号 71003015)、国家自然科学基金项目"财政货币政策宏观经济绩效评价和政策设计:中国财政货币政策交互作用视角的理论模型、实证检验和政策意涵"(项目批准号 71273043)、辽宁省高等学校优秀科技人才支持计划"财政货币政策宏观经济绩效评价方法及我国的政策设计应用"(WR2013009)、中国博士后科学基金第五十一批面上资助"基于财政货币政策交互作用的宏观绩效评价与政策设计"(2012M510654)、辽宁省社会科学基金(项目批准号 L11DJL047)和中央财政支持地方高校发展专项资金科研项目(DUFE2014J06)的阶段性成果。

币政策实践和制度建设中,呈现出财政当局与中央银行划分宏观调控权力的显著趋势,但理论研究(Benigno and Woodford,2003;Schmitt-Grohe and Uribe,2004a,b;Eggertsson and Woodford,2004)却意识到,财政货币政策交互作用本质、渠道机制以及产出和物价绩效的重要性。由于初期财政货币政策交互作用研究的局限性内容及其逻辑矛盾,财政货币政策交互作用研究范式已经转变为 DSGE 模型框架内的总需求尤其是总供给渠道机制研究。

一、早期财政货币政策交互作用研究的发展动态及演进脉络

梳理财政货币政策交互作用本质、渠道机制以及产出和物价效应的现存文献研究发现,博弈论模型、基于特定政策组合的研究以及传统新凯恩斯主义动态一般均衡模型是早期财政货币政策交互作用研究的常见研究方法。相关理论发展动态及演进脉络如图 1 所示。

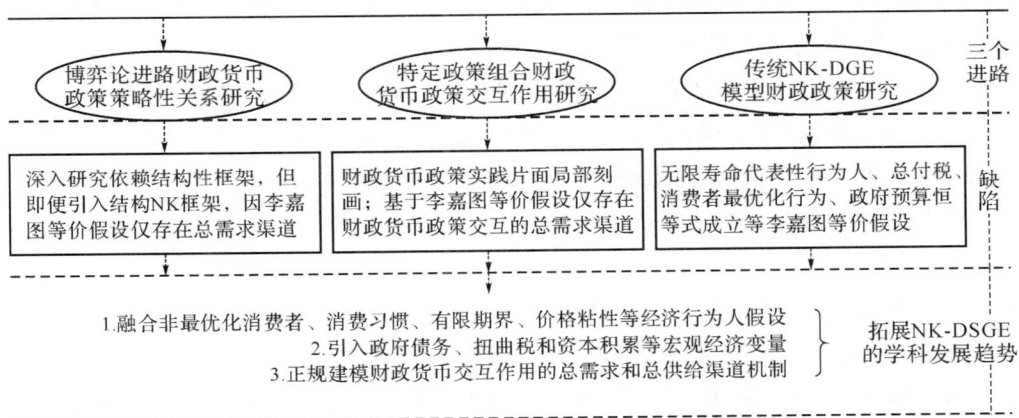

图 1   财政货币政策交互作用早期研究内容及缺陷

(一)博弈论进路的财政货币政策策略性互补或替代关系研究

财政货币政策交互作用的较早理论文献强调财政货币当局策略依存(互补或替代)关系,也即财政和货币政策在实现经济稳定功能时是彼此支持还是抵消(Beetsma and Bovenberg,1998;Dixit and Lambertini,2001,2003a,b;Beetsma and Debrun,2004)。

1. 横截面或面板数据技术研究

从横截面或面板实证研究看,Mélitz(1997,2000)和 Wyplosz(1999)支持两政策工具相反运动或彼此抵消。然而,自 1980 年互补(Muscatelli,Tirelli and Trecroci,2001)或至少非对称互补证据日益增加。von Hagen、Hughes-Hallett and Strauch(2001)发现两个政策制定者的相互依存是不对称的:相对宽松的财政态势与货币紧缩匹配,而货币政策一般为财政扩张提供便利。Hughes Hallett and Viegi(2000)认为,政策冲突可能内生于中央银行偏好:支持价格稳定的强烈偏好可能诱致更关注产出的财政政策制定者当选。

考虑到中央银行仅局部控制通货膨胀且财政政策态势(fiscal policy stance)也直接影响通货膨胀,Dixit and Lambertini(2000,2001)探究财政当局相机抉择和中央银行货币承诺关系并发现,财政相机抉择破坏货币承诺。财政政策倾向于提高产出和通货膨胀时,出现替代性趋势,而财政扩张具有关于产出和通货膨胀的非凯恩斯主义(也即收缩的)效应时,均衡中两政策互补。而且,中央银行试图获得低于财政当局目标的产出和通货膨胀水平时,两政策制定者间相冲突的目标导致次优纳什均衡:货币政策过于紧缩,而财政态势扩张不充分。Buti、Roeger and in't Veld(2001)则表明,财政货币政策相互依存的特定形式并不必然依据冲突或合作而是可以根据冲击类型来解释的:中央银行以通货膨胀和名义利率为目标而财政当局追求产出和赤字目标时,供给冲击诱致相冲突的政策,而需求冲击则不会产生相冲突的政策。

2. VAR 实证研究、缺陷及结构 VAR

从 VAR 实证研究看,Muscatelli、Tirelli and Carmine Trecroci(2004a)估计常规和贝叶斯 VAR 模型考察财政货币政策对宏观经济目标的反应以及两政策工具的彼此依赖关系,揭示产出、通货膨胀和货币政策的动态调整关系:其一,并非所有 G7 成员国都策略替代,财政货币政策反应中存在非对称性,而且两政策变量的相互依赖不稳定。自 20 世纪 80 年代初两政策日益策略补充,财政政策对经济周期的反应开始降低。其二,高负债程度引发财政政策调整的 Mélitz 结论并不在所有 G7 成员国稳健,除德国外,赤字都不对历史债务水平反馈。其三,从货币政策对产出和通货膨胀冲击反应以及产出和通货膨胀对利率冲击的反应看,传统 SVAR 模型关于货币政策传导的常规观点在引入财政政策变量后仍然符合货币政策反应函数的已存研究。其四,财政政策的产出效应是模糊的,财政赤字对通货膨胀冲击反应难以探测或不显著反应意味着,当财政当局乐于消除货币当局对通货膨胀冲击反应产生的不断增加的债务服务时,不存在财政的主导地位。最后,就财政冲击如何传导到经济以及产出和通货膨胀反应而言,不同国家存在差异,并且有时可能呈现非凯恩斯主义效应(Giavazzi and Pagano,1990,1996)。这些结论与用来解释财政政策规则如何运行的常见理论模型存在矛盾。

财政货币当局策略依存 VAR 实证文献的主要问题是:实证刻画财政冲击效应必须控制货币政策,不考虑财政货币政策交互作用,财政政策关于宏观经济变量的效应就会受到负向影响;不使用结构模型就难以解释财政货币政策工具之间的实证相关关系。尤其是简化模型或 VAR 分析,不能在不同的结构解释以及对两个政策工具相关关系的冲击所发挥的作用之间做出区分。Mélitz(1997,2000)和 Wyplosz(1999)就不能确定,两政策工具的相关关系是来自于系统的政策反应,还是针对结构或政策冲击的反应。Muscatelli、Tirelli and Trecroci(2001)估计 VAR 的重点是政策工具对其他政策冲击的反应,然而难以从 VAR 中获得暗含的政策反应函数参数,尤其是前瞻结构模型。强调结构性财政和货币规则的系统交互作用,可以分析作为对总需求和总供给冲击反应的财政货币互补或替代程度(Muscatelli,Tirelli and Trecroci,2002),因此,财政货币政策策略依存实证研究最终要与能够阐明财政货币政策工具实证相关关系的理论构架相结合,而新凯恩斯主义范式框架就成为重要选择。

作为李嘉图等价下财政货币政策交互作用 NK 传统 DGE 结构计量经济解释的有益尝试,Muscatelli、A.、P. Tirelli and C. Trecroci(2004b)使用美国数据联合估计1970—2001 年间美国通货膨胀和产出模型以及财政和货币规则,理解宏观政策工具交互作用方式并发现,财政货币政策工具对彼此的系统反应也即财政货币政策战略互补或替代不仅至关重要地取决于经济冲击的类型和本质,而且取决于关于潜在结构模型的假设。前者证实了 Buti、Roeger and in't Veld(2001)猜想。实际上,产出冲击后财政货币政策倾向于协调运动,而通货膨胀冲击或两政策工具之一冲击后,两者是替代的。就后者而言,模型的新凯恩斯主义结构表明两个政策工具针对政策规则未预期冲击反应之间的替代程度,历史模拟表明,20 世纪 90 年代比 80 年代更大的财政货币政策互补的明显转换主要源于该时期的特定冲击构造。特别是需求冲击变得更加显著,而偏离政策规则的方差已经降低。这表明,深刻理解财政货币交互作用也至关重要地取决于用于拟合数据的结构模型类型。比较被估计的和从最优控制框架得到的货币政策规则下财政政策影响的规范分析(normative analysis),可以评价引入内生财政政策规则是否显著改变最优货币政策规则。有趣的是,若存在最优化的货币政策制定者,财政货币政策规则存在惯性且缺乏协调,则被估计的反周期性财政政策规则可能降低福利,大体符合 Jones(2002)和 Gordon and Leeper(2003)的分析。内生财政政策规则降低福利的原因可能在于财政货币政策规则的惯性本质,而且就政策功能来说，货币政策规则用于稳定用途，而自动稳定器设计通常基于分配考虑（Taylor，2000a）。因此，财政政策制定者应考虑财政政策反周期作用以及财政货币政策规则协调问题。总之，Muscatelli, A. 、P. Tirelli and C. Trecroci(2004b)是在被估计 DGE 模型中考察财政规则的较早尝试，但财政政策传导渠道极其有限，仅强调财政货币政策交互作用的总需求渠道，也即财政政策对货币政策反应的影响依赖于两个政策仅经由总需求渠道交互作用，原因则在于使用呈现李嘉图等价的模型。

（二）基于特定政策组合的财政货币政策交互作用早期研究

宏观政策设计文献遵循操作性政策规则不能成为经济活动非必要波动来源的标准，这意味着理性预期均衡至少应是局部唯一的。泰勒规则和价格水平财政理论，局限于积极货币/消极财政和消极货币/积极财政的特定政策组合研究货币和财政交互作用，就是为满足理性预期均衡存在性和唯一性要求。若财政和货币政策都消极，则可能存在自我实现太阳黑子均衡，均衡不确定；若财政和货币政策都积极，则财政货币当局都不确保满足政府预算约束，或因为违背债务横截条件不存在均衡，或因为债务产出比率无限上涨不存在静态均衡（Leeper，1991；Benhabib, Schmitt-Grohe and Uribe，2001）。

1. 货币政策规则进路财政货币政策不对称地分离研究范式

作为 20 世纪 90 年代迅猛发展的重要宏观政策研究分支，被识别为关于通货膨胀或产出等内生变量反应的泰勒利率规则，获得宏观经济学标准推断的常识性结论（Sims，1994；Schmitt-Grohé and Uribe，2004；Davig and Leeper，2005）：名义利率随通货膨胀多于一对一上涨的泰勒规则有助于经济稳定（Taylor，1996），通常能产生良好经济绩效（Rotemberg and Woodford，1999；Schmitt-Grohe and Uribe，2004）；通货膨胀率高且易变可能是由于中央银行未遵守泰勒规则，从而价格水平不确定并受约束于自我实现预期（Clarida，Galí Gertler，1999，2000；Lubik and Schorfheide，2004）。相比之下，关于恰当使用财政工具的财政政策规则研究相对滞后，不存在类似丰富文献，呈现显著不对称。这固然是因为财政政策规则无法获得比泰勒规则更令人满意的实证结论，甚至不存在广泛认同的简单财政政策规则识别。更重要的是，李嘉图等价背景下，在财政政策经由总付税变化发挥作用的模型中，财政货币政策非对称处理就足够了。根据 Leeper(1991)逻辑，本质上，联合设计财政货币政策制定问题简化为两个可被递归求解的独立问题。首先，与财政方面隔离，货币方面表现为泰勒规则文献，货币政策参数单独决定局部均衡确定性条件，理由是货币当局只应关心通货膨胀稳定性，货币当局越独立就越可信，就更能成功降低并稳定通货膨胀。其次，若货币均衡动态学是确定的,则财政政策就不存在"积极"作用,也即,若政府债务动态学以稳定方式"消极"演变,则确定性特征仍然成立。从财政货币政策当局相互影响制约的政策行为角度,依据政策是否显示出针对经常预算条件的(不)灵敏反应,Leeper(1991)首创从泛型定义角度把政策划分为积极的(消极的),并得到如下结论:唯一的定价函数要求至少一个政策当局积极地设定其控制变量,而跨期政府预算平衡要求至少一个当局消极地设定其控制变量。因此,财政货币政策不对称分离研究的新凯恩斯范式中,财政政策通常不发挥突出作用。不违背预算偿付能力约束的李嘉图等价假设下,泰勒规则理论和实证文献集中于与财政政策相隔绝的货币政策,主要考虑经济的总量需求扰动,财政政策发挥作用的唯一渠道是总付税(lump-sum tax)变化,财政货币政策的宏观经济影响是传统货币主义和李嘉图主义。未考虑税收和债务政策的经济供给方面扰动,故仅存在财政货币政策交互作用的有限渠道。财政货币政策规则不对称分析,使得泰勒规则文献框架中的财政货币政策交互作用研究只能是初步的。

2.源于名义政府债务估价效应的价格水平财政理论

与市场非完美性、短视消费者或税收扭曲等偏离李嘉图等价的方法不同,遵循一般均衡价格水平由以确保政府清偿力为目标的特定消极货币和积极财政政策组合决定的理论逻辑,将源于名义政府债务估价作为突破李嘉图等价新渠道的关键,价格水平财政理论(fiscal theory of price level)探究积极财政政策规则下实现债务动态学确定性均衡所引发的一般均衡价格水平变化及决定(Leeper,1991;Woodford,1996,1998;Sims,1994),是研究生标准宏观经济学教程的一部分(Elmendorf and Mankiw,1999;Walsh,2003;Woodford,2003;Ljungqvist and Sargent,2004)。作为一般均衡现象,财政理论强调财政货币政策在彼此隔绝状态下难以获得完美一致理解,因而必须明确解释货币政策行为并联合设计税收和货币制度。

虽然具有启发性,但所有税收都是总付形式的假设,阻碍在更宽泛的公共财政文献中理解财政理论。引入收入税和弹性劳动供给,Eric M. Leeper and Tack Yun(2005)在总付税禀赋经济和比例收入税生产经济模型中将价格水平财政理论扩展到比例劳动收入税的简单税收扭曲模型,强调税收的供给方面效应,并将税收变化总效应Slutsky-Hicks分解为传统的替代效应和财富效应,再加上资产重新估价效应,前两者是常见的,而第三种效应发生在税收变化通过改变均衡价格水平并因而改变私人行为人持有发行在外名义政府债务真实价值时,给出财政理论的微观经济视角。

将确保政府跨期偿付能力作为实现价格稳定性的前提意味着,不断上涨的通货膨胀压力要求提高利率并承担更高政府债务偿还水平。因此,源于政府跨期预算约束与私人部门最优化条件结合,价格水平财政理论的关键就是处处成立动态均衡条件:全部名义政府债务(高能货币加未指数化债务)的真实价值等于扣除利息的盈余加铸币税的预期贴现现值。联合考虑财政货币政策的动态模型中,财政政策经由动态均衡条件影响价格水平,总是存在的重新估值效应是财政扰动传导的第一步,且总是存在于发行名义政府债务的经济中,并影响宏观经济。由此,引入税收在供给方面的效应,产生来自财政理论的更丰富的可能意涵。

通过发行名义政府债务为税收削减融资如何影响通货膨胀和价格水平,取决于与均衡一致的当前和未来货币和财政政策如何对税收削减反应的假设。扭曲性(distorted)劳动收入税且财政理论有效时,税率和政府预算间的跨期联系产生对确定财政变化的经济影响至关重要的两条拉弗曲线:一是常见的高税率抑制效应(Laffer,1979),一是财政理论独有的,取决于提高还是降低盈余加铸币税的预期现值。重要的是,两条拉弗曲线的位置间没有紧密联系。这意味着,税收长期增长能降低也能提高价格水平,重新估值效应可正可负,取决于经济处于拉弗曲线的位置。税收长期增加总是提高该现值时(税收不扭曲时往往如此)获得常见的财政理论结论,价格水平下降;若税率足够高从而位于第二条拉弗曲线的"错误"一边时,较高的税收水平可能降低现值并提高价格水平。因为财政理论识别了财政政策可以影响经济活动的新渠道,这是税收的微观和宏观模型中所缺乏的。该渠道是否完全在通货膨胀,或通货膨胀、真实利率和产出间的某种组合中显示出来,取决于经济运转细节和税法类型。但即便财政理论机制仅产生通货膨胀,其可能也具有影响税收归宿的重要分配效应。解释这些效应,对于税收体系设计又是重要的。

3. 财政货币政策交互作用早期研究缺陷

泰勒规则和价格水平财政理论,有力捕捉财政货币政策运行的两种常见形态,但都以简化财政货币政策交互作用本质的方便假设为基础,没有涵盖各国财政货币政策实践可能存在的其他政策组合时期,是财政货币政策实践的片面和局部刻画,财政货币政策交互作用渠道有限。

(三)传统新凯恩斯主义 DGE 模型中财政政策作用非常有限

早期新凯恩斯主义模型包括有限财政政策作用、财政货币政策交互作用的仅有影响是资源撤出效应(resource withdrawal effect)。经由直接支出和可支配收入,新古典凯恩斯主义综合(Neoclassical-Keynesian Synthesis)的财政政策传导渠道也容易理解。即便引入资产组合和财富效应等传导渠道(Blinder and Solow,1973;Tobin and Buiter,1976),本质上分析也类似。Blanchard and Perotti(2002)和 Muscatelli et al.

(2004a)表明,财政冲击具有传统凯恩斯主义效应,因为政府支出增加导致产出和消费持续上涨。但财政政策经济周期影响的 VAR 实证研究不支持简单新凯恩斯主义形式(Galí,1994;De Arcangelis and Lamartina,2003)。Giavazzi et al.(2000)在非 VAR 背景探究特定国家和特定时间的财政政策事件,并表明同时存在凯恩斯主义和新古典(李嘉图主义)效应。

1. 新凯恩斯主义模型本质

即便广受思想争论困扰,但 Goodfriend and King(1997)和 Woodford(1999)认为,宏观经济研究框架和方法正在达成的共识集中体现在新新古典综合(New Neoclassical Synthesis,Goodfriend and King,1997),亦称新凯恩斯主义(New Keynesian)或粘性价格 DSGE(dynamic stochastic general equilibrium,NK-DGE)。实质上,新凯恩斯主义拓展构成真实经济周期文献基础的新古典传统的动态最优化行为框架,与 20 世纪 80 年代新凯恩斯主义经济学者考虑的粘性价格和/或工资等摩擦假设(Mankiw and Romer,1991)结合,使用 RBC 理论解释均衡产出,以价格和工资调整粘性解释真实产出对均衡产出的偏离。新凯恩斯主义不仅支配世界各国货币政策评价(Taylor,1999),甚至被建议作为研究生教育的最重要宏观经济框架(Taylor,2000;Romer,2000)。尤其是融合非完美竞争名义刚性的新凯恩斯主义动态一般均衡模型范式,作为基本货币政策评价工具,集中于货币当局对宏观经济条件反应方式以及货币政策规则稳健性和最优性。

2. 李嘉图等价成立的关键假设

传统新凯恩斯主义 DGE 模型中财政政策作用之所以非常有限,主要归于无限计划期间(infinite planning horizon)或无限寿命代表性行为人、总付税(lump-sum tax)、消费者最优化行为、确保政府偿付能力的政府预算恒等式成立(公共债务作用很低)等李嘉图等价假设。从构成一般均衡模型的产出欧拉方程和菲利普斯曲线方程来看,标准前瞻 IS 曲线基于完全便利使用完美金融市场的"李嘉图主义"前瞻消费者假设,这与主张显著比例消费者是非李嘉图主义的持久收入假说的实证证据存在矛盾。而且,标准 DGE 模型不能提供消费针对公共支出冲击正向反应的合理理由。无限寿命代表性行为人范式中,零死亡概率的限制性假设所刻画的李嘉图主义消费者下,欧拉方程中政府债务的财富效应消失,公共债务变化对总消费没有影响,各代间的潜在财富再配置被忽略掉,经济收敛于拉姆齐经济,表现为李嘉图等价和可分离的财政动态学特征。结果,政府债务不再是提供信息的状态变量,而且,独立于或不需要考虑政府债务的目标水平,就可以评价局部稳态动态学,局部确定性区域由积极和消极财政政策制定界限隔离开。

基于不能确保跨期政府偿付就难实现价格稳定假设,价格水平财政理论意味着,通货膨胀压力上涨,要求提高利率,并承担较高的债务偿还。即便引入扭曲税(Schmitt-Grohe and Uribe,2007)或拇指规则消费者(Gali,Lopez-Salido and Valles,2004,2007),也都可以考察消极财政政策在财政偿付能力得到保证情况下的重要含义。

虽然税收不扭曲的总付税收假设不符合现实,但总付税具有隔离税收的需求方面影响的有益用途,并产生财政理论的明确预测:较高的税收提高政府债务名义价值,降低价格水平,符合税收长期增长降低总需求的传统凯恩斯主义观点。因为很少或未曾考虑税收变化的供给方效应,凯恩斯主义结论并不全面。

二、新凯恩斯主义动态随机一般均衡模型进路

梳理财政货币政策交互作用早期研究文献发现:博弈理论模型(game theoretic model)进路初步揭示财政货币政策策略性互补或替代(strategic complementarity or substitutability)关系,但实证研究实施及结论解释都依赖于经济结构模型的理论限制和约束;以价格水平财政理论和泰勒规则为代表的基于特定政策组合的财政货币政策交互作用早期研究,只是财政货币政策实践的片面和局部刻画,渠道机制有限;遵循李嘉图等价假设,传统新凯恩斯主义 DGE(New Keynesian dynamic general equilibrium)模型中财政政策作用非常有限。由此,放松消费者假设,在消费和劳动供给决策的最优化消费者之外,考虑非李嘉图主义消费者,增加税收、政府债务等财政变量,并为两者交互作用建模,拓展新凯恩斯主义动态一般均衡模型融合更多李嘉图等价不成立特征,为财政货币政策交互作用的总需求尤其是总供给渠道机制正规建模,并以此进行实证研究,成为财政货币政策交互作用研究符合学科发展趋势且可用以政策评价与设计的首选。

(一)放松消费者假设

其一,为消费者死亡概率变化建模,假定其严格为正,也即非李嘉图主义消费者,李嘉图等价不再成立。经由政府预算恒等式(government budget identity),政府债务成为财政货币政策交互作用的另一渠道。Blanchard-Yaari 形式(Blanchard,1985)的有限期界下,新凯恩斯主义模型中债务为财政赤字融资(debt-financed fiscal deficit)对总需求具有偏离李嘉图等价影响。Campbell Leith and Leopold von Thadden

（2008）认为，因为消费者死亡概率严格为正的非李嘉图主义消费者是短视的，政府债务的财富效应不被局限为跨期政府预算约束，相反要与其他经济均衡条件交互作用，政府债务动态学不再与其他均衡条件分离，并经由欧拉方程影响总消费动态学。Barbara Annicchiarico、Nicola Giammarioli and Alessandro Piergallini（2009）认为，因为财富效应影响总消费动态，所有个人寿命有限的重要经济特征是，政府债务和资产价格动态学以及 LM 关系都显著影响财政货币政策传导机制。

其二，考虑流动性约束前瞻消费者或 Blanchard-Yaari 消费者，不仅会引入财富作用，并因此经由预算恒等式引入新的财政货币交互作用渠道，而且，IS 曲线中存在水平税收效应，并减弱惯性税收规则效果。Gali et al.（2002）发现，在传统新凯恩斯主义模型引入部分消费者的非最优化行为，特定参数设置下，拇指规则消费者（rule of thumb consumers）可以解释消费对暂时政府支出冲击的正向反应。本质上，若增加政府支出产生真实工资上涨（若消费和闲暇间的替代效应支配财富效应），因为拇指规则消费者消费掉当前收入，总消费增加。在消费者行为中引入表现为习惯形成（habit formation）的外部习惯的较大持续性（或曰惯性），会丰富财政货币交互作用动态学，改变随时间推移的税收关于总需求的影响，并将改变税收和政府支出的相对有效性。

其三，融入名义价格和工资摩擦。使用基于美国数据的一般均衡模型方法，Amato and Laubauch（2001）考察工资和价格粘性，Christiano et al.（2005）采用对数效用识别考虑消费习惯以及后向价格和工资设定行为，对产出的利率反应规模施加限制，但这恰是构建政策分析模型时需要估计的效应。Fuhrer（2000）估计允许习惯效应的美国消费函数，并认为与 Fuhrer and Moore（1995）混合菲利普斯曲线估计结合起来，将产生准确描述通货膨胀和产出对货币政策冲击驼峰状反应的货币政策模型。但以新凯恩斯主义菲利普斯曲线（NKPC）形式融合名义惯性的一般均衡货币政策模型所面临的批判在于，不能捕捉数据中的通货膨胀惯性程度。暗含的忽略源自微观经济基础的模型所暗含的跨方程限制，基于 NKPC 将产出缺口作为边际成本代理变量的错误假设（Gali and Gertler，1999；Gali et al.，2001）以及模型所预测的不现实的变量协同运动（因为基于产出缺口的识别倾向于高估后向行为程度），通过推导允许劳动市场中存在真实摩擦（由劳动供给中的消费习惯效应所代表）和名义摩擦作为产出缺口和边际成本不一致来源的一般均衡模型，考虑名义工资惯性以及消费/劳动供给中的习惯效应，允许产出缺口不与边际成本成比例的可能性，Leith, C. and J. Malley（2002）弥合产出缺口和边际成本关系缺口，基于最优化行为推导一般均衡模型，解释价格和工资设定中的名义惯性以及消费习惯，而最优化行为也暗含着与数据相容的

NKPC。允许解释产出缺口与边际成本联系的大量潜在渠道,在三个方面拓展基准货币政策模型:考虑工资和价格设定中存在名义惯性的可能性;允许某些价格和工资设定者基于跨期目标最优化地设定价格和工资,而其他价格和工资设定者基于近期可观测数据遵循简单的拇指规则;引入消费者的消费和劳动供给决策经由消费的习惯效应跨期联系的可能性,允许产出惯性。

使用美国和欧洲 1970 至 1998 年间数据的参数估计揭示出:欧洲价格设定中比美国存在更大惯性或曰粘性,美国工资合同比欧洲持续更长时间,美国和欧洲价格和工资设定中的后向行为程度统计显著,但都微弱:美国价格设定者比欧洲更可能使用拇指规则,欧洲消费中存在显著习惯效应。考虑每个经济体针对名义利率暂时上涨形式的货币政策冲击的反应,模拟货币政策效应发现,工资和价格设定中存在后向行为,仅对真实和名义变量路径具有非常微弱的效应,由此表明,得自产出缺口和通货膨胀相关关系的惯性程度的证据,可能显著高估价格和工资设定中后向行为的程度。因此,与工资或价格名义惯性程度的任何差异相比,消费中的显著习惯效应证据,更多地解释了欧洲和美国之间针对货币政策冲击反应的差别。在这些习惯效应捕捉欧洲经济真实惯性的意义上,这能够解释两个经济体针对货币政策反应的关键区别。

Muscatelli et al.(2003a)综合研究政府支出反应规则与惯性货币政策规则发现,就不断降低的产出和通货膨胀变动性而言,财政货币政策交互作用的影响并不明显改善福利,财政政策只改变总需求轮廓。Giannoni and Woodford(2002a,b)的货币政策规则设计研究表明,某些情况下惯性货币政策规则非常有用,但 Muscatelli et al.(2004)认为,两政策缺乏协调,尤其是两者都存在高度惯性时将导致福利下降。即使结构模型存在差异,若财政货币政策规则都包含巨大惯性,则源于财政货币政策不协调的次优将仍然非常重要。

(二)偏离李嘉图等价的财政变量尝试

其一,为考虑非中性财政政策,采取 Blanchard(1985)和 Weil(1991)形式,Cushing(1999)、Leith and Wren-Lewis(2000)、Benassy(2005)和 Chadha and Nolan(2006)都在偏离李嘉图等价的环境中讨论财政和货币政策规则的各种特征,但因抽象掉资本存量动态学,供给面模式不够丰富。可以考虑引入对财政政策和税收扭曲的更复杂供给方面效应。税收可被建模为总付税和扭曲税(税收扭曲显著降低财政政策效率,通常为薪金税,payroll taxe),分别考虑对最优化和非最优化消费者的不同影响。使用标准拉姆齐型结构,Edge and Rudd(2002)和 Linnemann(2006)考虑因为扭曲型税收使得财政政策不再是中性的新凯恩斯主义经济。基于扭曲税的扭曲程度及其本质,两文都表明,该修正改变泰勒原理基准。

其二,引入债务渠道作为财政政策传导渠道,考虑政府债务及其门限水平导致经济动态特征发生变化的可能性。显然,政府预算恒等式不成立时影响价格稳定性。财政政策影响价格稳定性主要发生在财政政策是 Leeper(1991)意义上的"积极"时,也就是说,对于所有其他内生变量的任何有界序列而言,真实公共债务的稳定性不会得到尊重(Woodford,1998,2001,2003)。Linnemann and Schabert(2002);Schabert(2004)考虑政府债务对消费者行为的其他效应,如货币和债券等金融财富对居民交易成本的影响,解释李嘉图等价偏离。通过假定政府债务提供交易服务,Canzoneri and Diba(2005)给出财政政策的非中性作用。数值结论表明,确保局部确定性动态学所需的货币政策积极进取性,主要取决于财政参数。

其三,Davig and Leeper(2005)将 Leeper(1991)的最初贡献扩展到体制转换环境,涵盖四个积极和消极财政货币政策制定组合。这个特征意味着,即便当前政策体制满足李嘉图等价,财政政策冲击仍然影响价格水平动态学。所以,精确刻画政策体制转变,识别财政货币政策相互依存转换背后的基本驱动力,将能检验 Buti et al.(2001)的假说:财政货币政策的相互影响本质取决于经济冲击的本质。

(三)新凯恩斯主义财政货币政策交互作用研究面临经济计量困难

新凯恩斯主义模型需要校准或部分校准和估计。估计新凯恩斯主义模型时可以考虑的丰富性和复杂性与可被自由估计的结构参数数量之间存在权衡。被校准的模型中(如 Westaway,2003),使用其他实证研究或理论先验的行为关系参数,通过模拟研究财政货币政策影响。新凯恩斯主义模型估计研究日益增加(Smets and Wouters,2002;Leith and Malley,2002;Del Negro et al.,2005;Muscatelli et al.,2003a,b),但因为模型方程中的相关系数是行为(结构)参数的高度非线性函数,为确保识别,或能够在可接受的精度内估计参数,需要某些限制。新凯恩斯主义模型估计被限制在可被自由估计的参数范围内,该领域的新估计技术进步可能改进估计稳健性。

三、新凯恩斯主义财政货币政策交互作用研究实例

(一)融合拇指规则消费者、消费习惯、粘性价格和税收扭曲特征的结构性新凯恩斯主义模型研究尝试

考虑 ROT 消费者和消费针对公共支出冲击正向反应的可能性,V. Anton Muscatelli、Patrizio Tirelli and Carmine Trecroci(2006)扩展 DGE 模型推导具有流动

性约束（拇指规则）消费者和粘性价格（企业定价行为遵循 Gali，Gertler and Lopez-Salido（2001）和 Leith and Malley（2005）的标准粘性价格垄断竞争模型，也见 Erceg，Henderson and Levin，2000；Sbordone，2002）特征的新凯恩斯主义动态一般均衡模型。考察结构和政策冲击后模型的动态特征，并在因为非最优化消费者和企业而存在惯性的结构模型中实施政策分析：分析存在前瞻泰勒规则时的财政稳定器绩效，考虑政府支出和税收在 DGE 模型中的作用，以及结构模型和政策规则中的惯性程度对于财政政策设计的含义。更具体地，在货币政策采取标准前瞻通货膨胀目标制形式的情况下，论证财政政策（自动稳定器）有助于或妨碍货币政策的程度，并探究财政政策惯性以及拇指规则消费者影响产出和通货膨胀变动性的程度。研究引入自动财政稳定器是否显著改进存在惯性货币政策规则的模型的稳定性特征。采取与校准或数量模拟 DGE 模型估计结构性新凯恩斯主义模型（Gali et al.，2001；Leith and Malley，2005；Smets and Wouters，2003）不同的方法，估计美国 1970—2001 样本期间被估计对数线性模型。NK-DGE 模型中税收的重要含义包括：首先，与反馈政府支出规则相比，基于税收的自动稳定器与前瞻惯性货币政策规则组合时效率更高，在供给方冲击后倾向于降低通货膨胀和产出变动性。很大程度上，这是由于模型中包括税收（个人所得和薪酬税），且税收效应以不同方式进入 IS 曲线，经由消费取决于当前可支配收入但因存在外部习惯其行为影响最优化消费者的拇指规则居民发挥的作用。其次，财政规则和结构模型中的惯性（持续性）影响货币和财政政策规则绩效分析发现，惯性税收规则倾向于比惯性政府支出规则更有效率。与政府支出规则相比，财政规则中的惯性在税收规则中效果更好，尤其是薪酬税，其经由菲利普斯曲线中的税收楔子以及拇指规则消费者的可支配收入而发挥作用，是最有效的财政稳定工具。最后，确认存在拇指规则消费者倾向于带来更大稳定性（通过提高通货膨胀冲击后产出和通货膨胀变动性）的 Galí et al.（2002）得出结论：拇指规则行为能恰当解释消费惯性，尤其是财政冲击之后被观测到的消费和政府支出之间的共同运动。但基于税收的自动稳定器倾向于抵消拇指规则消费者的影响。

（二）财政政策是否与货币政策一起用于产出稳定研究

Gordon and Leeper（2003）使用美国经济的校准模型发现，因为财政自动稳定政策关于债务服务义务的影响，财政自动稳定政策倾向于破坏经济稳定。Jones（2002）使用美国被估计的随机增长模型（不存在价格粘性）表明，战后时期，财政政策存在有限的稳定性效应。Andrés and Doménech（2003）也考察财政规则设计及其宏观经济稳定性影响，但主要强调扭曲税和总付税关于产出变动性影响的比较。上述模型都没有考虑部分消费者的非最优行为或有限期界，但考虑了更丰富的扭曲税识别。这些研究发现，除非存在显著的真实和名义刚性，否则扭曲税可能恶化通货膨胀和产出变动性权衡。因此，因为对于经济总供给方面的影响，自动稳定器可能不是福利增进的，除非经济中存在显著摩擦。

Muscatelli et al.(2003a,b,2004b)初步使用被估计的新凯恩斯主义模型研究财政政策规则（主要采取自动稳定器形式）与货币政策规则（刻画独立的中央银行行为）交互作用方式以及财政政策在何种程度上可用于稳定经济后，为评价财政政策在何种程度上是与货币政策一起促进稳定的有用工具程度，V. Anton Muscatelli and Patrizio Tirelli(2005)使用美国和欧洲数据估计各类不同特征的新凯恩斯主义模型：消费的习惯持续性（habit persistence）、非最优拇指规则消费者、消费者最优决策的有限期界、粘性价格、政府支出，以及税收（经由薪金税）的消费和企业边际成本效应。货币政策被假定遵循标准（惯性）前瞻通货膨胀目标制规则，使用两类被估计新凯恩斯主义模型，考察财政货币政策规则交互作用，考虑财政政策是否经由关于产出的反应规则促进货币政策发挥的稳定性作用，强调财政政策运转的各种不同传导渠道，给出理解自动稳定器刻画的财政政策规则如何在财政和货币政策当局彼此独立地采取行动的当前制度安排中与货币政策规则交互作用的基准。

偏离消费者是完全最优化的以及无限期界假设使得李嘉图等价不成立时，因存在消费者前瞻行为以及关于消费的财富效应，尽管价格和工资粘性是典型的有限持续的，财政政策仍存在降低产出变动性的巨大空间，成为货币政策的有益补充，尤其是在有限期界（finite horizon）消费者模型中。但就降低通货膨胀变动性而言有时不存在改进，或产生产出变动性较低和通货膨胀变动性较高的产出和通货膨胀稳定性间的潜在权衡，从这个意义上说，财政政策对促进宏观经济稳定的价值增加存在重要限制。在不存在结构不对称的 EMU 两国模型情形，考虑存在不对称的需求和供给冲击时积极财政政策可以在何种程度上发挥宏观经济稳定作用发现，总体上，就财政政策应对纯粹非对称冲击的能力而言，即便存在外部性，但若财政政策反应足够积极，产出仍可以被稳定；就财政货币政策交互作用而言，存在非对称冲击，对两个国家具有不同影响并因此引发来自 ECB 的反应，这可能抑制财政政策效率。因而，精确设计反应规则和自动稳定器就变得非常重要（Muscatelli et al.,2005）并将改进财政政策绩效。总之，新凯恩斯主义模型中可以获得财政政策作用，并且实证估计模型表明，财政政策将增进福利。

（三）融合有限寿命代际交叠、名义刚性、资本积累和投资调整成本的 DSGE 研究

扩展 Yaari(1965)、Blanchard(1985)最早强调的有限寿命方法分析，放松无限寿命私人行为人假设，Barbara Annicchiarico、Nicola Giammarioli and Alessandro Piergallini(2009)集中于李嘉图等价不成立的不同研究进路。将代际交叠(olg)结构融入存在名义刚性、资本积累、投资调整成本和有限期界特征的新凯恩斯主义 DSGE 货币模型，该框架存在能够捕捉影响总消费动态学（总需求）的具有微观基础的跨代财富效应(intergenerational wealth effect)，LM 关系以及公共债务和资产价格动态学都影响财政货币政策传导机制。由此，欧洲季度数据校准线性模型后，该理论框架被证明特别适于探究财政货币政策宏观经济效应，分析不同财政政策规则对于经济周期波动以及货币政策制定的作用，也适于分析以避免公共债务爆炸性路径为目标的财政当局。货币政策被描述为标准泰勒规则，财政政策被识别为基于债务的税收规则(debt-based tax rule)或允许暂时赤字的预算平衡规则(balanced-budget rule)。研究结论包括：首先，均衡确定性受到财政政策识别形式的影响。泰勒原则（名义利率多于一对一地针对持久通货膨胀上涨反应）可能不足以确保 Leeper 形式的"消极"税收反馈规则下的均衡确定性。相反，平衡预算规则下，"积极"和"消极"货币政策都与唯一均衡相容。其次，比较基于债务的税收规则以及允许暂时赤字的平衡预算规则的绩效表明，财政扩张产生产出动态学短期收益和中期损失之间的权衡，也即，财政扩张倾向于产生跨代权衡：短期看，正向财政冲击是扩张性的，关于经济活动产生积极效果，但在中期则有可能被显著逆转，对经济活动产生逆向效应，即所谓的非凯恩斯主义效应。预算平衡规则不仅能扩大利率反馈规则的确定性空间，而且便于评价积极和消极货币政策情况下的财政政策效应。就此而言，财政冲击产生的动态学主要受到货币政策体制影响，财政冲击效应主要取决于货币政策实施，易言之，财政政策效应至关重要地取决于中央银行所采用的货币政策规则类型。一方面，以预算平衡为目标的财政政策，与消极货币政策兼容；另一方面，积极的货币政策与平衡预算规则组合起来，以产出波动性为代价，带来较高程度的价格稳定性。由此，为 Sims(1988)最早注意到的如下思想提供合理的微观理由：关于财政政策的实证研究必须将货币因素明确考虑在内。最后，模拟分析表明，通过确保通货膨胀稳定性，预算平衡规则不仅增强利率反馈规则的确定性特征，而且适合保持价格稳定性。

（四）李嘉图主义等价不成立时与确定性均衡动态学一致的财政货币政策规则设计研究尝试

基于消费者死亡概率严格为正假设，考虑政府债务的财富效应与其他经济均衡条件交互作用,为表明偏离李嘉图等价的环境中为何修正 Leeper(1991)逻辑,考虑货币财政政策的真正交互作用驱动均衡动态学,以更加包容的视角定义,主张特定的 Leeper 模型结构之外积极和消极政策反应不再必定与两个政策规则反馈参数的不变门限值相联系的理论思路重新划分确定性区域,C. Leith and Leopold von Thadden (2008)建立包括资本积累和政府债务动态学的 Blanchard(1985)形式的小型新凯恩斯主义模型,讨论与因为消费者死亡概率严格为正(也即若消费者是非李嘉图主义的)而致使李嘉图主义不再成立的确定性均衡动态学一致的简单货币和财政政策规则设计问题。符合 Leeper(1991)的简单政策反馈规则精神,货币政策遵循利率规则,货币工具(也即利率)对真实通货膨胀偏离其目标水平而反应,政策参数是关于通货膨胀的"泰勒相关系数";财政政策遵循债务目标制规则,唯一的财政工具(也即总付税率)对实际真实政府债务水平偏离目标债务水平而反应。考虑政府债务的积极作用后可发现:首先,明确考虑政府债务稳态水平,才能有力推断简单反馈规则中的财政货币工具如何被用于确保局部确定性均衡动态学。非李嘉图主义消费者下,任何确定性区域的重新划分都将以稳态债务水平为条件。政府债务的财富效应不被局限为跨期政府预算约束,相反,完全与其他的经济均衡条件交互作用,由此政府债务转变为需要在局部均衡动态学分析中解释的重要状态变量。

其次,识别与稳态债务门限值(threshold value)相联系的不连续,确定性区域以非连续方式取决于潜在债务水平,从而带来局部确定性必要条件在某个稳态债务门限值经历根本的本质变化。这两个特征将 Leeper(1991)逻辑扩展到财政政策非中性背景,揭示了财政政策非中性,颠覆财政货币动态学相独立的逻辑,并在总体上导致对财政货币政策更加对称的处理。自然地,这种非中性增强财政政策对用于设计符合确定性动态学的政策规则具有重要性。

非李嘉图主义消费者下的局部稳态动态学分析表明,取决于被假定的政府债务目标水平,存在着由"低"和"高"稳态债务水平刻画的两个截然不同的稳定性体制。两个体制中,局部确定性区域不是由积极和消极财政政策制定的分界线区分的。而且,两个体制存在如下特征:总是存在确保"低债务"稳态但不确保"高债务"稳态确定性动态学的参数空间区域(根据政策规则的两个反馈参数),反之亦然。由此,该特征意味着,不明确考虑政府债务的当前目标水平,不可能推断两个工具与局部均衡动态学一致的积极和消极范围。特别地,高(低)债务体制中,若货币政策变得更加积极,则确保局部确定性动态学所需的财政纪律(fiscal discipline)程度提高(降低)。若也允许存在无效率的稳态,则需要进一步修正局部均衡分类。广义而言,若财政政策是非中性的,则货币和财政稳定性政策的有意义刻画以政府债务目标水平的当前体制为条件。若不明确研究这种依存关系,则政策建议可能是误导的。

四、展　望

相比较而言,我国财政货币政策宏观经济绩效和财政货币政策配合设计问题研究,缺乏规范、有力、统一的宏观经济学分析框架支撑,对于构成评价财政货币政策宏观经济绩效和财政货币政策交互作用的基础理论研究探索不充分,从事实证研究的正规模型化程度和经济计量手段先进程度都存在明显不足。实际上,不考虑财政货币政策交互作用的总需求尤其是总供给渠道所产生的不同和综合宏观经济绩效,不考察偏离李嘉图主义假设的客观现实因素所产生的宏观经济绩效影响,单独研究财政和货币政策就难以得到我国财政和货币当局行为的合理解释,更谈不上可以指导中国财政货币政策实践。

20 世纪 90 年代以来,受亚洲金融危机和次贷危机两次外部冲击的影响,引致我国财政货币政策经历扩张性→紧缩性→扩张性→紧缩性→扩张性多次调整。这不仅提出科学准确评价财政货币政策的产出和物价宏观经济效应,用于指导我国财政货币政策设计实践的客观要求,而且,也为财政和货币政策宏观经济效应和政策设计的理论和实证研究提供了良好的背景环境和数据支持。可以预见,将财政货币政策交互作用研究三个趋向的研究方法,用于我国财政货币政策的经济绩效评价和政策设计,这是我国未来宏观经济总量调控以及财政货币政策交互作用研究的重要领域。

主要参考文献

1. Andrés,J. and R.Doménech. *Automatic Stabilisers, Fiscal Rules and Macroeconomic Stability*. Madrid: Banco de España,2003.

2. Beetsma,R. M. W. J. and A. L. Bovenberg. Monetary Union without Fiscal Coordination May Discipline Policymakers. *Journal of International Economics*, 1998(45):239-258.

3. Beetsma,R. M. W. J. and X. Debrun. The Interaction Between Monetary and Fiscal Policies in a Monetary Union: A Review of Recent Literature. in R. Beetsma,C. Favero,A. Missale,V. A. Muscatelli,P. Natale and P. Tirelli(eds.). *Fiscal Policies,Monetary Policies and Labour Markets: Key Aspects of European*

Macroeconomic Policies after Monetary Unification. Cambridge：Cambridge University Press，2004.

4. Benhabib，J.，S. Schmitt-Grohe and M. Uribe. Monetary Policy and Multiple Equilibria：*American Economic Review*，2001，91(1)：167-186.

5. Blanchard，O. J. Debt，Deficits，and Finite Horizons. *Journal of Political Economy*，1985(93)：223-247.

6. Benassy，J. P. Interest Rate Rules，Price Determinacy and the Value of Money in a Non-Ricardian World. *Review of Economic Dynamics*，2005（8）：651-667.

7. Blinder，A. and R. M. Solow. Does Fiscal Policy Matter? *Journal of Public Economics*，1973(2)：319-337.

8. Campbell Leith and Leopold von Thadden. Monetary and Fiscal Policy Interactions in a New Keynesian Model with Capital Accumulation and Non-Ricardian Consumers. *Journal of Economic Theory*，2008(140)：279-313.

9. Canzoneri，M. and Diba，B. Interest Rate Rules and Price Determinacy：The Role of Transaction Services of Bonds. *Journal of Monetary Economics*，2005(52)：329-343.

10. Clarida，R.，J. Galí and M. Gertler. The Science of Monetary Policy：A New Keynesian Perspective. *Journal of Economic Literature*，1999(37)：1661-1707.

11. Clarida，R.，J. Galí and M. Gertler. Monetary Policy Rules and Macroeconomic Stability：Evidence and Some Theory. *Journal of Economic Literature*，2009(37)，1661-1707.

12. Christiano，L. J.，M. Eichenbaum and C. Evans，2005. Nominal Rigidities and the Dynamic Effects of a Shock to Monetary Policy. *Journal of Political Economy*，2005(113)：1-45.

13. Cushing，M. The Indeterminacy of Prices under Interest Rate Pegging：The Non-Ricardian Case. *Journal of Monetary Economics*，1999(44)：131-148.

14. De Arcangelis，G. and S. Lamartina. Identifying Fiscal Policy Shocks and Policy Regimes in OECD Countries. *ECB Working Paper No*. 281，2003.

15. Del Negro，M.，F. Schorfheide，F. Smets and R. Wouters. On the Fit and Forecasting Performance of New Keynesian Models. *CEPR Discussion Papers No*.

4848,2005.

16. Dixit,A. ,Lambertini,L. Fiscal Discretion Destroys Monetary Commitment. *Working Paper,Princeton and UCLA*,2000.

17. Dixit,A. and L. Lambertini. Monetary-Fiscal Policy Interactions and Commitment Versus Discretion in a Monetary Union. *European Economic Review*, 2001(45):977-987.

18. Dixit,A. and L. Lambertini. Symbiosis of Monetary and Fiscal Policies in a Monetary Union. *Journal of International Economics*，2003a(60):235-247.

19. Edge,R. and J. Rudd. *Taxation and the Taylor principle,Finance and Economics Discussion Series*. Washington：Board of Governors of the Federal Reserve System,2002.

20. Elmendorf,D. W. and N. G. Mankiw. Government Debt. in J. B. Taylor and M. Woodford (eds.). *Handbook of Macroeconomics*. Amsterdam：Elsevier Science,1999(1C):1615-1669.

21. Erceg,C. J. ,D. W. Henderson and A. T. Levin. Optimal Monetary Policy with Steggered Wage and Price Contracts. *Journal of Monetary Economics*,2000 (46):281-313.

22. Galí,J. Government Size and Macroeconomic Stability. *European Economic Review*,1994(38):117-132.

23. Gali,J. ,Lopez-Salido,D. and J. D. Valles. Rule-of-Thumb Consumers and the Design of Interest Rate Rules. *Journal of Money,Credit and Banking*，2004,36 (4):739-764.

24. Gali,J. ,Lopez-Salido,D. and J. D. Valles. Understanding the Effects of Government Spending on Consumption. *Journal of the European Economic Association*，2007(5):227-270.

25. Giavazzi,F. and M. Pagano. Non-Keynesian Effects of Fiscal Policy Changes：International Evidence and the Swedish Experience. *Swedish Economic Policy Review*，1996, 3(1):67-103.

26. Giannoni,M. P. and M. Woodford. Optimal Interest Rate Rules：I. General Theory. *NBER Working Paper*，No. 9419,2002a.

27. Giannoni,M. P. and M. Woodford. Optimal Interest Rate Rules：II.

Applications. NBER Working Paper, No. 9420, 2002b.

28. Goodfriend, M. and R. G. King. The New Classical Synthesis and the Role of Monetary Policy. *NBER Macroeconomic Annual*, 1997(12):231-283.

29. Gordon, D. B. and E. M. Leeper. Are Countercyclical Fiscal Policies Counterproductive? Paper Presented at 5th Bundesbank Spring Conference, 2003, May.

30. Jones, J. B. Has Fiscal Policy Helped Stabilize the Postwar US Economy? *Journal of Monetary Economics*, 2002(49):709-746.

31. Julio J. Rotemberg and Michael Woodford. Interest Rate Rules in an Estimated Sticky Price Model, NBER Chapters, in: *Monetary Policy Rules*, 1999:57-126.

32. Laffer, A. B. Statement Prepared for the Joint Economic Committee, May 20. in A. B. Laffer and J. P. Seymour(eds.). *The Economics of the Tax Revolt: A Reader*. New York: Harcourt Brace Jovanovich, 1979:55-59.

33. Leeper E. M. Equilibria under Active and Passive Monetary and Fiscal Policies. *Journal of Monetary Economics*, 1991, 27(1):129-147.

34. Leith, C. and S. Wren-Lewis. Interactions between Monetary and Fiscal Policy Rules. *The Economic Journal*, 2000(110):C93-C108.

35. Leith, C. and J. Malley. Estimated General Equilibrium Models for the Evaluation of Monetary Policy in the US and Europe. *CESifo Working Paper No.* 699, 2002.

36. Leith, C., and J. Malley. Estimated General Equilibrium Models for the Evaluation of Monetary Policy in the US and Europe. *European Economic Review*, 2005, 49(8): 2137-2159 .

37. Linnemann, L. and A. Schabert. *Fiscal-Monetary Policy Interactions and Macroeconomic Stability*. Mimeo: University of Cologne, 2002.

38. Ljungqvist, L. and T. J. Sargent, 2004, Recursive Macroeconomic Theory. MIT Press, Cambridge, MA, 2nd edn.

39. Mélitz, J. Some Cross-Country Evidence about Debt, Deficits and the Behaviour of Monetary and Fiscal Authorities. *CEPR Discussion Paper No.* 1653, 1997.

40. Mélitz, J. , 2000, Some Cross-Country Evidence about Fiscal Policy

Behaviour and Consequences for EMU，Unpublished manuscript.

41. Muscatelli，V. A. ，P. Tirelli and C. Trecroci. Can Fiscal Policy Help Macroeconomic Stabilization? Evidence From a New Keynesian Model with Liquidity Constraints. *CESifo Working Paper No.* 1171，2003b.

42. Muscatelli，V. A. ，P. Tirelli and C. Trecroci. Monetary and Fiscal Policy Interactions over the Cycle：Some Empirical Evidence. in R. Beetsma，C. Favero，A. Missale，V. A. Muscatelli，P. Natale and P. Tirelli（eds.）. *Fiscal Policies，Monetary Policies and Labour Markets. Key Aspects of European Macroeconomic Policies after Monetary Unification.* Cambridge：Cambridge University Press，2004a ：45.

43. Muscatelli，A. ，P. Tirelli and C. Trecroci. Fiscal and Monetary Policy Interactions：Empirical Evidence and Optimal Policy Using Structural New-Keynesian Model. *Journal of Macroeconomics*，2004b，26(2)：257-280.

44. V. Anton Muscatelli and Patrizio Tirelli. Analyzing the Interaction of Monetary and Fiscal Policy：Does Fiscal Policy Play a Valuable Role in Stabilisation? *CESifo Economic Studies*，2005(51)：549-585.

45. V. Anton Muscatelli，Patrizio Tirelli and Carmine Trecroci. Fiscal and Monetary Policy Interactions in a New Keynesian Model with Liquidity Constraints. *Centre for Dynamic Macroeconomic Analysis Conference Papers*，2004.

46. Sbordone，A. G. Prices and Unit Labor Costs：A New Test of Price Stickiness. *Journal of Monetary Economics*，2002，49 (2)：265-292.

47. Schabert，A. Interactions of Monetary and Fiscal Policy Via Open Market Operations. *Economic Journal*，2004(114)：C186-206.

48. Schmitt-Grohe，S. and M. Uribe. Optimal Fiscal and Monetary Policy under Sticky Prices，*Journal of Economic Theory*，2004b，114(2)：198-230.

49. Sims，C. A. A Simple Model for Study of the Determination of the Price Level and the Interaction of Monetary and Fiscal Policy. *Economic Theory*，1994，4 (3)：381-399.

50. Smets，F. and R. Wouters. Openness，Imperfect Exchange Rate Pass-Through and Monetary Policy. *Journal of Monetary Economics*，2002 (49)：947-981.

51. Smets, F. and R. Wouters. An Estimated Dynamic Stochastic General Equilibrium Model of the Euro Area. *Journal of the European Economic Association*, 2003, 1(5): 1123-1175(53).

52. Taylor, J. B. Monetary Policy Implications of Greater Fiscal Discipline in Budget Deficits and Debt: Issues and Options. *Federal Reserve Bank of Kansas City*, 1996.

53. Taylor, J. B. The Policy Rule Mix: A Macroeconomic Policy Evaluation. in G. Calvo, M. Obstfeld and R. Dornbusch, (eds.). *Capital Mobility & Trade Essays in Honor of Robert Mundell*. Cambridge: MIT Press, 2001.

54. Taylor, J. B. Reassessing Discretionary Fiscal Policy. *Journal of Economic Perspectives*, 2000b, 14(3): 21-36.

55. Walsh, C. *Monetary Theory and Policy*. Cambridge: MIT Press, 2003.

56. Weil, P. Is Money Net Wealth? *International Economic Review*, 1991(32): 37-53.

57. Woodford, M. A Cashless View of U. S. Inflation: A Comment. in Ben S. Bernanke and Julio Rotemberg(eds.). *NBER Macroeconomics Annual Cambridge*. Mass: MIT Press, 1998: 323-384.

58. Woodford, M. The Taylor Rule and Optimal Monetary Policy. *American Economic Review*, 2001(91): 232-237.

59. Woodford, M. *Interest and Prices: Foundations of a Theory of Monetary Policy*. Princeton: Princeton University Press, 2003.

Reviews on Monetary and Fiscal Policy Interactions

——Focused on Study Paradigm and Channel Mechanisms

Abstract: The nature, channel and run mechanism of the fiscal and monetary policies interactions are crucial for understanding the macroeconomic effects of the fiscal and monetary policies and guiding the fiscal and monetary policy designs. Theoretical contradictions and limited channel mechanisms requires the study paradigm changes as following: normally modeling aggregate demand and especially supply channels by relaxing consumer assumptions, adding fiscal variables and expanding NK-DSGE to include more non-Richard equivalences characteristics. Lastly, this paper will comment the recent developments on fiscal and monetary policies interactions in DSGE model framework.

Key words: Fiscal and Monetary Policies Interaction; DSGE; Aggregate Demand Channels; Aggregate Supply Channels

哈耶克对我们时代的意义
——评艾伦·艾伯斯坦著《哈耶克传》*

◎马　珺

一、引　言

今天,我们社会发展的方向似乎被一群工程师思维的人士支配着,他们认为可以按照在其看来可取的价值观,以一种科学的方式实现我们都期望的经济、社会,甚至是政治和文化上的进步。以哈耶克的视角,这既是根本不可能实现的空想,也显示出人类理性的自负与狂妄。

然而,针对这一事实,大多数的社会精英没有表现出应有的反思态度。很多人引以为荣的,乃是如何做好和维护一部机车的零部件,以使中国社会这部庞大机车的每一个组成部分,都符合事先确定的功用上的要求,确保其沿着一个既定目标顺利前行,却忽略了这一整体性思维极有可能导致的可怕后果——走入人们所不希望看到并应绝对避免的可悲状态。芸芸众生对精英阶层,特别是知识界这一危险的生存现状,可能既一无所知,同时亦毫无兴趣。上述当代中国人的思想状态,再次突显了哈耶克对我们时代的意义。《哈耶克传》(〔美〕艾伦·艾伯斯坦著,秋风译)及其蜚声全球的名著《通往奴役之路》在中国少数知识圈内热读,也许可以看作是一些敏感的心灵对社会前途表现出来的深深忧虑。

二、生　平

弗里德里希·奥古斯特·冯·哈耶克(1899—1992),20 世纪最伟大的古典政治

---

　*　马珺:中国社会科学院财经战略研究院,E-mail:majun@cass.org.cn。本文为《哈耶克传》的书评,作者艾伦·艾伯斯坦,译者秋风,中信出版社 2014 年出版。

经济学家。生于维也纳一个殷实的公务员和知识分子家庭,父亲是市卫生局的官员,同时是一名植物学家,(外)祖父辈也是当时的知名学者。历史上,哈耶克父母双方的家庭都是奥匈帝国的贵族。尽管到了哈耶克这一代,其家族的经济状况已大不如前,但几代人成就的贵族气质和精英意识仍然被完好地继承了下来。哈耶克与生俱来对金钱、政治与权力缺乏兴趣,而对知识和学术充满热情,成年后更坚信自己对社会负有责任,并矢志不渝地从知识和观念上推动社会进步。

哈耶克早年(1918—1923 年)就读于维也纳大学的法律系,期间先后获得法律学和政治科学学士的学位,但他的大部分时间却都花在了研究心理学和经济学问题上。那时,第一次世界大战刚刚结束,奥地利和其他欧洲国家,以及新生的苏联,都面临着如何重建社会新秩序的问题,各种集体主义思潮尤其盛行。受外部环境的感染,哈耶克也成为了一名温和的社会主义者。与此同时,米塞斯关于社会主义经济计算可行性的讨论吸引了他,他对良好社会秩序的形成原理产生了兴趣,这成了此后纠缠他一生的学术和实践问题。

虽然 20 世纪 20 年代的维也纳仍是世界学术的中心,但已经受到了来自经济和学术正双双崛起的美国的挑战,为了掌握英语和了解美国,为其目标中的职业经济学家生涯做准备,哈耶克于 1923—1924 年间在美国逗留了一年多。期间他掌握了美国学术界正在兴起的经验和计量研究方法,加入了当时流行的关于货币和商业周期的研究。回国后,在奥地利经济学派第三代传人路德维希·冯·米塞斯的帮助下,哈耶克主持新成立的(奥地利)商业周期研究所。他的研究引起了时任伦敦政治经济学院经济系主任的莱昂内尔·罗宾斯的关注,1931 年始哈耶克获邀于此执教,并因持续发表批评凯恩斯货币理论的文章,而演绎了一段被后人不是那么严谨地称作"凯恩斯大战哈耶克"故事的开端。哈耶克一生中发生过几件对个人和世界都颇有影响的事情,这算是其中之一。与凯恩斯之间的争论为哈耶克赢得了更多的学术关注。然而随着人们对商业周期问题兴趣的减弱,哈耶克的货币和商业周期理论也陷入沉寂。到 20 世纪 30 年代中后期,作为经济学家,哈耶克获得的专业认同度越来越小。

以 1944 年《通往奴役之路》的出版为标志,哈耶克攀上了人生的高点。这是一本面向社会大众的读物,哈耶克在书中强调,基于对人类已经取得的科学成就的高度自信和对未来美好生活的迫切向往,人们所可能采取的行动,有可能对在历史上造就了西方现代文明的、有关自由和法治的观念,造成实实在在的威胁,倘若不加以警醒和及时改变,这一趋势将把英国引向与最初的理想完全相悖的道路上去,甚至有重蹈德国覆辙之虞。不过,其后英国推行的国有化措施、美国国家干预主义的扩张、北欧诸国的福利国家化,以及苏联集中计划经济体制的战后繁荣,均与哈耶克预测的结局恰恰相反,使哈耶克在经历最初的名声大噪之后,又品尝了百般蔑视和冷落。主流学术界认为他不过是个过时的保守主义宣传家,其作为职业经济学家的声誉一度降到冰点。

戏剧性的变化发生在 1974 年,这一年的诺贝尔经济学奖由瑞典经济学家纲纳·缪尔达尔和哈耶克一同分享。此时的哈耶克已经多年不从事主流框架下的经济学研究。其间,他一方面致力于阐释古典自由主义传统,重申个人自由之于其他社会价值的基础性和根本性意义;另一方面,着力探究为人们所珍视的诸多美好价值得以实现的社会秩序演化的逻辑。当资本主义世界的国家干预主义和福利主义实践走入困境、前社会主义国家陷入经济停滞和政治危机,哈耶克关于大规模经济计划的不可能性及其种种危害的言论重新受到重视似乎是自然而然的。这一次哈耶克思想的复兴不只是其政治观念被英美等国领导人奉为执政理念,更主要是思想界对其知识论和方法论的重新审视和接纳。此后,资本主义世界展开的去国家化运动、柏林墙的倒塌、前苏东诸国的市场化和民主化转型,以及中国和越南的市场化改革,无一不验证了哈耶克思想的高度预见性,这也许是世界所能给予哈耶克学术成就的最高承认了吧。令人欣慰的是,哈耶克有生之年亲眼目睹了这些事实。

1977 年以后,哈耶克回到故国奥地利定居,任职于佛莱堡大学直到 1992 年辞世。他最后一部作品名为《致命的自负:社会主义的谬误》(1988,中文版为冯克利等译,2000 年中国社会科学出版社出版),在这部作品中,哈耶克又回到了最初纠缠他的那个问题上。

三、本书的特色

作为一名纯粹的学者,哈耶克不热衷在政治上出风头,日常行为循规蹈矩。除了与远房外甥女海伦娜之间发生过一段先是不幸错过、后又终成眷属的苦恋故事,哈耶克的个人生活总体上普通而单调,传记作者可用的素材并不丰富。然而其学术视野之宽阔、思想体系之精深、所持观念之富有争议,以及学术生命之跌宕起伏,又绝非常人可比。怎样如实地塑造这样一位传主,而又不让学界之外的大众读者感到乏味,对传记作者来说的确是不小的挑战。

该书作者艾伦·艾伯斯坦,也是《弗里德曼传记》的作者,曾任加利福尼亚大学圣巴巴拉分校经济学和政治理论教授,兼任卡托研究所研究员,在政治和社会理论上颇有建树。

在这本书中,为了使哈耶克的学术思想与生活经历融为一体,艾伯斯坦紧紧抓住主人公所处的时代、地点、人事等环境,尽可能全面地还原哈耶克的一生,在一定程度上,他成功地做到了这些。举例来说,为了重现昔日维也纳以及当地大学的氛围,作者从哈耶克未发表过的自传材料中,以及已经发表的《哈耶克论哈耶克:对话式自传(1994)》,和加州大学洛杉矶分校(UCLA)的"口述历史计划"对哈耶克的采访资料中,发掘了大量哈耶克孩童时代以及刚成年那些岁月的生活细节。哈耶克成年之后的故事则主要以哈耶克思想和学术的发展为中心,辅之以对每一个思想事件深层次的背景描述。因此,作者展示给读者的,不光是哈耶克个人的画像,更是一幅世界顶级学者群英荟萃以及 20 世纪全球政治和观念发展的历史画卷。特别是,作者对于哈耶克思想的清晰转述,被很多读者评价为胜过哈耶克本人所能做到的。

多数书评作者都对这本书的清晰、全面、可读大加赞赏。伊利诺伊大学的经济学和历史学教授黛尔德拉·N. 迈克洛斯基(Deirdre N. McCloskey,《经济学的花言巧语》《资产阶级美德》等书作者)在一篇书评中这样赞誉它,"艾伯斯坦的这部作品,以哈耶克学术发展为主线,将其个人生活的有趣细节融入其中,全方位地展现了哈耶克的一生,可读性极强。全书由 40 多个小篇章构成,每个篇章都相对独立,最宜置于床榻之侧,信手翻来……"

尽管如此,仍有书评作者提出质疑。其一,认为作者较窄的视野和兴趣,导致其对现有资料利用不足。例如,在斯坦福大学胡佛研究所,存有大量当时还未发表的哈耶克档案资料,艾伯斯坦对其中的大部分没有阅读。在其 1054 处脚注中,只有 18 处参考了哈耶克档案,另外一处参阅了波普档案。他也没有参阅其中涉及哈耶克学术史的其他人以及机构(如朝圣山学会、经济事务研究所)的档案资料。在描述伦敦政治经济学院(LSE)的第 6 章中,艾伯斯坦竟然遗漏了 LSE 自家的档案,而这是了解 LSE 日常工作的绝佳资料,是其他机构的 LSE 档案不能提供的,致使有学者认为艾伯斯坦对LSE 的描述不是那么令人信服。其二,认为从经济学家的眼光来看,本书给予哈耶克经济学思想的篇幅过少,且语焉不详,甚至在个别问题上出现了重大失误。考虑到艾伯斯坦的专业优势,这一点似乎是可以理解的。两年之后,他又出版了一本《哈耶克的心智旅程》,似乎是要弥补这一缺憾,但仍然没有得到经济学专业人士的认可。同年,另一位经济学出身的哈耶克传记作者、也是《哈耶克全集》的主编布鲁斯·考德威尔(Bruce Caldwell)所著的《哈耶克的挑战》一书(国内译为《哈耶克评传》,冯克利译,商务印书馆 2007 年版),也许能够满足经济学专业读者的这一愿望。三是认为,由于写作结构编排的缘故,在很多地方难免存在不必要的重复论述。

然而以笔者之见,整体上看,作者对哈耶克的生平、思想发展轨迹和社会秩序理论的阐述,是相当清晰的。让那些对哈耶克思想怀有倾慕,而又在其文字与理论体系面前却步的大众读者,有了一个亲近经典作家的机会。对于哈耶克社会秩序思想的有效传播,利莫大焉! 特别是,该书在阐述到哈耶克的关注点从经济学转到更为广泛的社会秩序问题之后,作者的专业优势充分显示,将对普通人来说甚为艰深的话语体系行云流水般道来,于深入浅出中更加见其功力。

特别要提及的是,译者秋风先生长期从事奥地利学派经济学的译介工作,对哈耶克思想有深入的研究。笔者认为,在国内译者队伍中,这类研究型翻译最为难得,其翻译质量也最有保证。中国读者长期以来深受不良翻译困扰,这部译作令人有理由对译界依然怀有乐观期待。

四、尾声:哈耶克经济学过时了吗?

在这本传记中,艾伯斯坦将哈耶克思想历程分为两个阶段,每个阶段的工作重点有所不同。一是作为经济学家的哈耶克,二是作为政治和社会哲学家的哈耶克。不过,与其他人的看法不同,艾伯斯坦所描述的两个哈耶克不是分裂的,而是建立在一以贯之的知识论、认识论基础上的同一个哈耶克。

第二个哈耶克获得了无可争议的世界性认同;而第一个哈耶克,尽管拥有诺贝尔经济学奖的桂冠,仍然不免毁誉参半,随着凯恩斯主义的兴起,哈耶克早期作为经济学家的声望曾一度沦为"笑柄"。很多人并不认为哈耶克有资格领受诺贝尔奖这样崇高的荣誉。直到今天,即使是保罗·克鲁格曼这样的杰出学者仍然声称,如果不考虑其政治学上的贡献,哈耶克已经差不多被人们遗忘了。在很大程度上,这应归因于哈耶克对经济学的性质、研究对象和方法论有着迥异于新古典主流经济理论的看法。

在哈耶克心目中,经济学和其他社会科学门类,都分享着一个共同的研究主题,即探寻尽可能包容个体自由的社会秩序。哈耶克认为,早在第一次世界大战之前,知识分子就已经在观念上接受了通过计划控制手段以改善社会现状的观念。纳粹暴政并非起因于德国人本性里的邪恶,而是他们接受并实行了国家全面控制和计划经济体制的必然后果。出于应对经济大萧条和与法西斯轴心国作战的需要,集体主义计划经济的观念在英、美等民主国家已经深深扎根,早在二战战火正酣之际,哈耶克就认识到这是一个危险的征兆。在他看来,"人类迄今为止最伟大的发明,也许就是无需对各自的具体目标相互同意,而只遵循抽象行为规则的人们,得以和平共处、共同获益的可能性"。这就是大卫·休谟和亚当·斯密开创的——作为劳动分工背景下的市场交易与社会合作理论——的经济学传统。哈耶克遵循并扩展了这一传统,他的《通往奴役之路》一书,基于知识分立(主观主义知识论)的前提假设,反证了人类社会的这一伟大发现,有力地证明了为什么所有基于集中计划控制的经济发展观念,都必然要失败,而所有相关的实践,都必然走向专制。哈耶克此后在政治和社会哲学方面的工作,比如《自由宪章》(1960)、《法律、立法与自由》(1973、1976、1979)等,只不过是进一步阐述这一伟大发现的道德和政治意义,并考察那些有可能对市场交易与社会合作的可持续性构成威胁的种种因素。

因此,读者应当慎重对待当前有关哈耶克的两大偏见。一是,只看到第一个哈耶克,并以自诩为"硬科学"的、以稀缺资源配置为中心的新古典主流经济学的视角,否定哈耶克经济学的价值。二是,只看到第二个哈耶克,并想当然地将其视为一个浅薄的意识形态宣传家。事实上,哈耶克是一位立足于坚实的知识论和方法论基础,从经济学、法学、心理学到政治和社会哲学,以至于思想史研究的融会贯通的伟大思想家。

哈耶克的学术生涯几经高峰与低谷,褒奖与针砭交替,有时还会无人问津,这些不是由于哈耶克本人追求上的变化所致,而完全来自外界潮流的变迁。历尽波折,哈耶克的政治和社会哲学成就终为人类社会历史的发展所承认,他是当之无愧的社会预言家。作为经济学家的哈耶克也一样,他的经济学思想与方法不会"过时"。即使在新古典主流当道的今天,经济学工具化、科学化、形式化的倾向无以复加,但哈耶克的影响依然不可匹敌。有人对发表在诺贝尔奖官方网页上的"获奖演说"进行研究,计算出截至 2007 年每位诺奖得主被其他诺奖得主的"演说"所引用的次数(自我引用未计入其中),以此作为判断诺奖得主影响力的一个指标。其中,哈耶克的引用率高居第二位,仅次于肯尼斯·约瑟夫·阿罗。而且,有据可查的是,哈耶克的思想开创了诸多经济学前沿研究领域(例如:新制度经济学、制度变迁理论、发展经济学、实验经济学、认知经济学,等等),也拓展了计量经济学的研究空间。当代著名奥地利经济学派学者、美国乔治·梅森大学的彼得·伯特克(Peter Boettke)等人,对截至 2007 年经济学诺奖得主在 SSCI 的统计数据的研究显示(电子文献自 1980—2007 年,非电子文献自 1970—2007 年),哈耶克所在传统内的诺奖得主,尽管数量上远少于主流经济学传统内的诺奖得主,但其被引记录远远高于后者。哈耶克经济学不仅在过去和当前没有过时,而且经济学未来的历史将会证明,哈耶克所坚持的经济学传统——将经济学作为"个体在市场制度下寻求共同利益的互动过程的分析",特别是其主张的主观主义和个人主义方法论,终将在经济学以及全部社会科学领域发挥更为持久的影响力。

斯密主义的劳动分工经济学*

◎李井奎

在 1764 年,作为一位年轻公爵的家庭教师,亚当·斯密来到图卢兹之后不久,就给他的密友大卫·休谟写信称,他已经开始了一项研究计划,正是这项研究计划最终使他完成了那部流芳于世的巨著——《国富论》:"为了消磨时光,我开始写一本书"。

事实上,只有等到两年之后返回英国,他才开始严肃地开展这项研究计划。在从法兰西返国之后的十年间,斯密广泛利用他关于法理学讲座的那些笔记,由此构思形成了他的那部鸿篇巨制。他居住在苏格兰科卡尔迪的家乡,日子过得很平静,但是,在为这部多卷本的著作进行准备的过程中,他工作非常辛劳。斯密用了长达十二年的时间来写他关于政治经济学的这部主要著作,其中有将近九年他是在精神高度集中的状况下进行工作的。可以毫不夸张地说,早在 1763 年,斯密就已经开始打算写一本系统性地处理他在格拉斯哥大学法理学讲座中所涵盖的政治经济学内容的书了。从他的《早期草稿(*Early Draft*)》(《国富论》的那部分)和他手稿的组织方式中,我们可以明显地看到他的这种意图。斯密在劳动分工经济学方面,取得了经济思想的巅峰成就。

值得一提的是,斯密自己承认他可绝对不是一个写作的快手:"我是个迟钝、非常迟钝的作者,每一篇作品在我能勉强满意它之前,至少要写上六七遍。"煞费苦心地写上这么一部开辟之作,对于作者而言,可以这样说,既让人无比兴奋,又让人精疲力竭。在开始此书写作两年多之后,我们的作者感到自己整个身心都被这项工作给占据了,而且预感他将永远也看不到大功告成的那一天:"按照我现在的处境,我应该说无事可做,但是我自己的研究计划使我极少空闲,我的研究继续下去很像永远做不完,我看不到这项工作有到达尽头的可能性。"三年半之后,由于长期在这个项目上辛苦劳作,斯密病倒了,他这样写道:"拙作原以为入冬之前能一切就绪,可以付印。但由于修改工

* 李井奎,浙江财经大学经济系,E-mail:ljk7811@126.com。

作不时中断,现在看来只得推迟几个月出版。这中断的原因,一部分是没有娱乐再加上长期专注于一个问题,健康状况不好。"当然,斯密为这项工作努力追求的那种精细入微、全面通彻,以及在这个过程中所体现出来的无比耐心,都使得要想最终完成这部大书,还要再花去不知凡几的岁月,历史的事实是,此后又过了大约三年的时光,这部巨著才告完工。

亚当·斯密之所以能够在劳动分工经济学方面取得如此伟大的成就,还有一个重要的方面,那就是前人为他做出了重要的理论铺垫。在此之前,重商主义者们已经对有关财富的诸般主题进行了体系化的尝试,而且最为重要的是,以格劳秀斯、普芬道夫和约翰·洛克为首而发展出来的自然法理学,为亚当·斯密的理论体系提供了更为宽广的视角和概念性的体系,可以让他借以来系统地分析商业社会的性质与发展这项极富挑战性的工作。在这个过程中,亚当·斯密发展出了一套他自己的自然自由体系,而劳动分工与市场的内在秩序在这个体系里发挥着核心的作用。

毋庸说,斯密自己对他在《国富论》中所从事的这项伟大的研究任务,是心知肚明的。今天的学术界已经公认,斯密在试图发展一套这样的自然自由体系:这个体系最重要的面向是伦理学、法理学和政治经济学,沿着对商业社会的性质这条综合分析路线,给出一套关于人类社会如何从农业文明过渡到商业文明的系统解释。从这个角度来看,像他那样把劳动分工这一主题作为其毕生工作,尤其是作为他的政治经济学体系的核心角色,实在是再自然不过了。

亚当·斯密的劳动分工理论之基本要旨看起来并不复杂,归结到底,不过是两大思想:一是得自劳动分工的收益非常之大,且构成了劳动生产力增进的最大来源;二是通过功能健全的市场体系,这些收益可以最为切实、有效地得到实现。和很多早期思想家一样,斯密将劳动分工看作是文明的根基,把它当作自己整个政治经济学体系的起始之点。在斯密那部伟大的划时代著作《国富论》中,斯密开篇就把劳动分工作为财富科学的核心主题来处理,概略地给出了《国富论》一书要详加阐释的基本原理。他利用并综合了无数先驱们在这方面的工作,但在发展一套自洽而系统的分析,从而可以对劳动分工原理的深远内涵进行更为深邃地洞察方面,斯密又远迈前人。

在《国富论》的开篇,亚当·斯密就指出:"劳动生产力上最大的增进,以及运用劳动时所表现的更大的熟练、技巧和判断力,似乎都是分工的结果。"紧接着,他用著名的扣针生产的例子来说明这一点,历数了劳动分工的三大好处:

第一,劳动者的技巧因业专而日进;第二,由一种工作转到另一种工作,通常须损失不少时间,有了分工,就可以免除这种损失;第三,许多简化劳动和缩减劳动的机械的发明,使一个人能够做很多人的工作。

然后,斯密将带来了巨大效率的劳动分工的根源归结为人类"互通有无、物物交换、相互交易的倾向",他借助于苏格兰启蒙运动诸位哲学家创造出来的自发秩序理论完成了对分工体制的形成之阐发。斯密认为,是人们自我关爱的倾向构成了商业的驱动力量,进而带来了合作,创生出了文明的商业社会。而这一社会如何才能够取得成功,答案就在有效的自由市场体系那"看不见的手"之中。在斯密那里,劳动分工和市场范围之间的关系并不是一种简单的单向因果关系,劳动分工不但取决于市场范围,而且反过来市场范围也会进一步促进劳动分工的深化。斯密还特别认为,劳动分工并不取决于个体之间的差异,而个体之间才能的差异与其说是分工的原因,不如说是分工的结果。斯密的这种源于职业选择的人际间差异,是其不断加以强调的一个理念,在其自然自由体系中发挥着重要作用。

亚当·斯密使用劳动分工和市场范围之间的关系,解释了城乡之间的分化和城市的发展。更重要的是,他认为,城市中的商业与制造业的发展不但会为城市带来秩序和良好的治理,也会为乡村解决其"个人自由与安全"这一问题。商业和制造业是城市赖以生存的基础,需要一套运行良好的保护产权、维护和促进劳动分工的司法体系。而在大规模的商业和制造业兴起之前,封建大领主往往可以和国王分庭抗礼,最终导致秩序的紊乱和周期性的暴力冲突。斯密认为,封建制度在这个问题上只能起到缓解作用,而无法从根本上予以消除,但是,发达的商业和制造业兴起之后,农民不再像过去那样在经济上依附于大领主,在维持每一个工人的生计上,单个领主所起到的作用相当微小,这样工人们的独立性就得到了保证。由于所有人皆以城市中类似的劳动分工与交换的方式而彼此依赖,所以领主们对领地的管辖权被显著削弱,最终淹没在商业活动的大海之中。而商业社会在保卫其成员的财富与个人自由、和平与正义方面要比农业社会强大得多,商业社会的文明程度,皆是拜劳动分工的深化和市场范围的扩大所赐。而要使商业和制造业能够繁荣发达,良好的政府治理是不可或缺的,唯有如此,方可维护正义和秩序。所有这一切,都是各个阶层中的个人不断追求自身利益的结果。

亚当·斯密的"看不见的手"思想,并非仅仅是一个华丽的修辞手法,必须将这一思想放在他的自然自由体系中方才能够得到透彻地理解,这一点早已为众多学者所认识到。斯密从格劳秀斯、普芬道夫和约翰·洛克的自然法学传统中吸收了很多自由主义的原则和自然法理学的总体框架,并将它们与斯密自己关于商业社会的本质和复杂性所做的观察整合在一起,不仅为财富的生成和经济的增长,而且还为公平正义,发展出了一套具有强大解释力的框架,这就是他的自然自由体系。自然自由体系的惊人后果,是由在利用个人的劳动和资源上尊重个人的选择而带来的,即文明社会中得自劳动分工的收益可以扩展到社会的各个阶层,这就不仅改善了劳动阶级的福利,同时也增进了上层阶级的福利。斯密写道:"在一个政治修明的社会里,造成普及到最下层人民的那种普遍富裕情况的,是各行各业的产量由于分工而大增。"斯密认为随着劳动分工的深化和市场范围的扩大,财富会不断地涌现出来,其比例要比投入到生产过程中的劳动的比例更大。这样,在一个文明的商业社会,一个普通的日工可能也会比野蛮国家的国王更加富足。正是在这样的分析结论之下,斯密的政治经济学体系对人类的前途洋溢着乐观的精神,而这一体系的基础就在于不断深化劳动分工的程度,扩大市场的范围。

在亚当·斯密对劳动分工经济学所做出的诸多重要贡献中,他关于劳动分工和市场范围之间的关系之分析,虽然经常被后人引述,但是往往有被低估之嫌。

劳动分工受到市场范围的限制这一思想,早在斯密之前的古希腊和中世纪伊斯兰学者的作品中就已经被提及,而晚期的重商主义者诺思和曼德维尔等人也意识到了贸易包括国际贸易对生产中劳动分工对经济发展的重要性。但是,似乎斯密才是第一个全面认识二者关系的学者,他认为,劳动分工在决定市场范围方面也发挥着关键作用。有关斯密这一方面的思想,爱德华·吉本·威克菲尔德在相当程度上充实了劳动分工和市场范围之间互相强化的理论。威克菲尔德观察到,英国人口中有1/3从事农业生产,而法国和葡萄牙的这个数字则达2/3和4/5,这一就业结构上的显著差异所带来的交换力量上的差别,又使得英国的农业远远胜过法国和葡萄牙那些国家。因此,威克菲尔德给出了一个重要的命题:职业的分工受制于市场的范围,同时,很大程度上市场的范围也同样受制于职业的分工。而且,他还认为,对于这一方面,政治经济学应该进行更加深入的研究。威克菲尔德甚至不赞成使用劳动分工这一术语,他认为劳动分工可以由所谓"职业的分工"来表示,而另外一个重要的面向"劳动的联合"或劳动的合作则须另外找一个术语来表示之。

威克菲尔德的这一思想与阿尔弗雷德·马歇尔在其《经济学原理》中表达的"积分法"思想不谋而合,所谓的"积分法"用来指不同生产部门之间不断增长的相互关联和交互依赖性,与所谓的"微分法"相对,后者是指不断细化的职业和工序的分工以及专业化的深化。马歇尔是这样表述的:

这种机能的再分之增加,或称为"微分法",在工业上表现为分工、专门机能、知识和机械的发展等形式;而"积分法"——就是工业有机体的各部分之间的关系的密切性和稳固性的增加——表现为商业信用的保障之增大,海上和陆路、铁道和电报、邮政和印刷机等交通工具和习惯的增加等形式。

有鉴于此,马歇尔引入了"外部经济(external economies)"这一概念来概括这种所谓的积分法。而这一概念在 20 世纪 20 年代曾引发了一场经济学中的热烈讨论。

皮耶罗・斯拉法在 1926 年的文章里清晰地证明,古典政治经济学中源于劳动分工的报酬递增,是不可能与马歇尔的竞争性框架彼此兼容的。斯拉法并非不知道马歇尔在晚年的《工业与贸易》一书中对外部经济概念的重新表述,但是如果仅从马歇尔的局部均衡分析来看,这样的经济的确不会存在。从这一意义上讲,斯拉法的批评的确具有毁灭性。

部分是为了对斯拉法的批评做出回应,而且也为了对马歇尔的外部经济概念进行辩护,1928 年 9 月 10 日,艾伦・杨格(Allyn Young)在格拉斯哥就任英国科学促进会经济学和统计学分部主席时发表了一篇就职演说,对此进行进一步的说明。这篇演讲词是 20 世纪关于劳动分工的一篇重要的文献。在这篇演讲词中,他认为,外在于个体企业的马歇尔的经济产生于整个工业有机组织,或者换句话来说,是源自劳动分工各分立部门之间的交换网络。他明确指出,马歇尔的外部经济是根植于劳动分工的深化和经济组织的变迁之中的,由此强调指出马歇尔的外部经济,不仅指数量上的变化,更为重要的是,它也包含性质上的变化。杨格认为,一方面是关联众多、彼此连接致密的交换的复杂网络,另一方面是生产当中劳动分工的深化,在现代形式当中常体现为生产的迂回方式,对这两方面之间的相互依存关系进行研究,才是一个更有前途的研究方向。

在劳动分工和市场范围这一主题上,下一个重大的突破是斯蒂格勒 1951 年的文章,现在这篇论述垂直一体化的文章已经堪称经典,这位作者把他所谓的"斯密定理"——即劳动分工受到市场范围的限制——应用到了垂直一体化之上。斯蒂格勒认为,"企业在使用一系列不同的工序(operations)"生产一个最终产品。不同的工序需要使用不同的技术,也就是说,有些工序表现出成本递减这种模式,其他的工序则表现为成本递增,而某些工序可能会呈现 U 型趋势。如果所有的工序被涵纳在同一个企业内进行操作,这就可以称之为是垂直一体化。否则,非一体化就会出现,外部的一家企业给下游企业以低于后者自己生产所给出的价格来提供中间投入品。

尽管斯蒂格勒的这篇文章尚且存在着各种各样的缺点,但是,斯蒂格勒的研究仍然不失为劳动分工和市场过程的斯密主义理论进展的一个里程碑,因为它不仅给出了进一步研究垂直一体化的有用框架——这个框架已经产生了大批文献,而且也有助于在现代主流经济学当中复兴劳动分工的斯密主义精神。总体上来看,斯密著作出版后的两百年间,职业经济学家对这一主题显然缺乏兴趣这一事实,让斯蒂格勒感到了莫大的遗憾,他认为,这是后斯密时代经济科学的最大败绩。

是典型还是异类：如何看待宋代的商税政策及其历史意义*

◎童光辉

一、引　言

在中国古代,有两种财政收入为主流的低税思想主义者所极力反对,但与此同时,它们又是国家不可或缺的理财手段,并在整个财政收支的总盘子中有相当重的分量。这两种财政收入分别是:"禁榷之利"和"关市之征",前者即现代意义上的专卖收入,[①]后者则是我们这里所说的商税。事实上,"禁榷之利"与"关市之征"在中国历史上起源甚早,春秋时管仲就已经非常熟练地运用这两种理财手段来筹集财政收入,从而为齐国的霸业提供了充足的财力支持。然而,在低税理想主义者心目中,管仲的政策举措并不值得肯定和效仿,"泽梁时纵,关,讥而不征;市,书而不赋"、"不与民争利"等才是真正的"仁政"之举。

这两种财政收入一方面是为低税理想所不能容纳,但另一方面又是现实所迫切需要。在中国古代,政府的经常支出项目中有五项最为大宗:①官吏俸给;②各类仪典花费;③社会救济;④国防经费;⑤公共工程支出。其中,前三项通常被认为是必不可少的,但后两项却是能省则省,因为后两项一旦支出无节,必将造成入不敷出的局面。可问题是,公共工程尚且能够可以控制一下力度和节奏(在多数时候也是控制不住的),但国防经费却几乎是不可控的。因为在冷兵器时代,农业社会在多数时候只能采取消极防御的策略,战争的主动权掌握在他人手中,又岂是你想打便打,想不打便不打的?再者说,自然灾害是日常生活领域的常态性事件,但中国古人在思想观念中,始终将其定位为非常事件,是上天为了惩戒人们,甚或是统治者做错事的一种表示,所以古代国

　童光辉,浙江财经大学财政与公共管理学院,E-mail:tongguanghui1984@126.com。

[①]　由于篇幅所限,本文暂不涉及专卖制度和专卖收入。

家在财政制度的设计中很少编列灾害预算或是将灾害支出列为年度经常性收支项目。① 因此,当国家遭遇战争、灾害以及举办大型公共工程时,统治者总要有一番增加财政收入和弥补财政赤字或缺口的作为,此时开征(或加征)商税和推行专卖政策就成为国家筹集财政收入的重要手段。

理想和现实之间的张力,决定了"关市之征"与"禁榷之利"始终处于一种"妾身不明"的暧昧状态,时而兴之,时而废之,皆视国家的财政状况和财政需要而定。因此,中国古代政府在财力充足的时候很少会大规模开征商税(即便开征亦是零星且负担很轻的杂税)或推行专卖政策,更谈不上加强或改进这方面的制度建设和组织建设,而一旦因遭遇战争、灾害及举办大型公共工程而出现财政危机时,则往往非常仓促地开征(或加征)商税和采取专卖政策。又因为这些政策措施的仓促出台,通常是以筹集财政收入为首要任务,而无暇顾及其政策的优劣,这难免会对社会带来一些不利影响,最终因弊害丛生而归于失败。我想,这恐怕亦是中国古代专卖政策和商税政策虽然源远流长却始终未能发达的根源之一。

而且,在中国古代社会,还存在着这样一个看似矛盾的现象,即许多王朝在建国初期往往会实施"贱商"的法令,对商人规定了不少限制,但同时却采取自由放任的经济政策,即便开征针对商业活动或商人阶层的税收,实际税负亦相当轻微,至少要比同时期农民的负担要轻得多。而这一现象的产生,主要是"重农轻商"的思维惯性使然,"执政者认为农业生产才是真正的生产工作,才能创造财富。也因此,他们认为农业生产者才是真正有能力负担租税的人。于是农业生产者的税负一向偏重,而工商业者只负担一些杂税而已"。②

然而,有一个朝代的商税政策及其赋税结构却显得颇有些与众不同,那就是宋代。那么,宋代商税政策和赋税结构有何特殊性,以及我们如何客观公正地看待和评价这一特殊现象?

二、宋代商税政策及其赋税结构的基本情况

首先,我们在分析和讨论一朝一代的商税政策及其赋税结构时,离不开特定的制度环境,特别是当时的商业政策。因而,有必要先来简要地总结一下宋代的商业政策。

---

① 卢建荣.聚敛的迷思:唐代财经技术官僚雏形的出现与政治文化.台北:五南图书出版有限公司,2009:8.
② 赵冈,陈钟毅.中国土地制度史.北京:新星出版社,2006:135.

正如吴慧（1995）、叶坦（2005）等学者所总结的，宋代商业政策的主基调是：为了财政的需要，一方面国家加强了对商品的专利政策（盐、茶、酒等多种商品都被列为专卖禁榷的项目），另一方面跳出以往"重农轻商"的思维惯性，转为保护、利用和倚重商人，开始注重征商而不重在官营禁榷。尽管宋代政府对商品经济采取的政策在不同时期、不同地区是有区别的，但总的来看是管理和调控，而且比汉唐等朝的商业政策要宽松，其主要内容有：①确立征商政策，建立征商机构；②"书市买牌"制度，严禁各级官吏勒索商贾；③严禁滞留或刁难商人，保障商品流通；④严格商品市场管理，以求交易公正；⑤保护商人在内的私人财产。①

其次，再来看宋代的商税政策。宋代于立朝之初，即着手制定并颁布"商税则例"，将晚唐五代时纷乱苛杂的税做了一番整顿而使之制度化和规范化，并"榜商税则例于务门，无得擅改增损及创收"。② 据史书记载，当时的"商税则例"规定："行者赍货，谓之过税，每千钱算二十；居者市鬻，谓之住税，每千钱算三十，大约如此。"③而且，宋王朝在颁布"商税则例"的同时，还在全国各地设置了专门的税务机构和管理体制，"凡州县皆置务，关镇亦或有之。大则专置官监临，小则令、佐兼领，诸州令都监、监押同掌"。④ 所课征的商税收入除了满足地方经费外，如数上解中央，以收中央集权之效。质言之，宋代的商税政策，既有公开之法令，更有相对健全之组织体系。

最后来看宋代的商税收入规模和赋税结构。从表1和表2所列示的数据来看，来自农业二税以外的财政收入在整个赋税结构的比例呈现出不断增长的趋势，而且商税收入和盐茶酒等禁榷收入又在其他各项赋税收入中约占 $60\% \sim 90\%$ 的比重，其重要性是不言而喻的。不过，需要强调的是，宋代两税在收入总额中的比重之所以呈现快速递减的趋势，并不是政府有意为之的结果，更不是因为宋代财政是以"经济最前进的部门"为基础的缘故，而是由于两税本身增收乏力之缘故。从至道末年到熙宁十年的80余年间，农业二税收入始终维持在 2000 多万贯的水平，甚至绝对规模随着经济增长还略有下降，所以国家不得不愈加仰赖于商税、禁榷等收入来满足日益膨胀的财政支出。

---

① 以上内容主要参见吴慧.中国商业政策史.台北：文津出版社,1995：143；叶坦.商品经济观念的历史转化//叶坦文集：儒学与经济.南宁：广西人民出版社,2005.

② 文献通考·征榷考一.

③ 文献通考·征榷考一.

④ 宋史卷186"食货志下八".

表 1　北宋时赋税总收入与赋税结构表　　　　　　　　单位:万贯

时间	赋税总收入	农业二税收入		其他各项赋税收入	
	总量	总量	相对量	总量	相对量
至道末年(997 年)	3559	2321	65%	1238	35%
天禧末年(1021 年)	5725	2762	48%	2963	52%
熙宁十年(1077 年)	7074	2163	31%	4911	69%

数据来源:贾大泉.宋代赋税结构初探.社会科学研究,1981(3):51—58.

表 2　北宋时商税收入和禁榷收入结构表　　　　　　　单位:万贯

时间	其他各项赋税收入	商税收入			盐、茶、酒榷收入		
	总量	总量	相对量 1	相对量 2	总量	相对量 1	相对量 2
至道末年(997 年)	1238	400	32%	11%	706	57%	20%
天禧末年(1021 年)	2963	1204	40%	21%	1583	53%	28%
熙宁十年(1077 年)	4911	804	16%	11%	2226	45%	31%

注:相对量 1＝"商税收入"/"其他各项赋税收入";相对量 2＝"商税收入/赋税总收入",以此类推。

数据来源:贾大泉.宋代赋税结构初探.社会科学研究,1981(3),51—58.

三、如何看待宋代的商税政策及其赋税结构

以上即是宋代商税规模及赋税结构的大致情况,可以不夸张地说,这恐怕在中国历史上是绝无仅有的。那么,我们又该如何看待这一现象:是典型,还是异类?

在黄仁宇(2001)看来,"谈到宋朝,它在中国财政史上特出的地方非常显著。它开始就以最前进的部门,作为中央施政的基础,对于造船、铸币、开矿、榷税、酒醋专卖非常注意"。然而,"它用经济最前进的部门做财政的基础,技术上不能与大多数的小自耕农的低层机构融合,则终朝代如是"。[①] 黄仁宇将"榷税、酒醋专卖"等视为"最前进的部门",而中国历史上之所以没有出现他所谓的"数目字管理"则是小农经济的落后

---

① 黄仁宇.中国历史与西洋文化的汇合//放宽历史的视界.北京:读书·生活·新知三联书店,2001.

性使然，以至于"经济最前进的部门"为基础的国家财政在"技术上不能与大多数的小自耕农的低层机构融合"。

诚然，宋代赋税结构之所以能够发生如此大的变化，是建立在工商业和商品经济相当发达的基础之上。所以，从这个意义上来说，宋王朝能够跳出以往"重农抑商"的思维惯性，开始注重"征商"与"恤商"，无疑是一种历史的进步。然而，这种进步的取得，是宋王朝迫于巨大的财政压力，不得不进行一系列顺应形势发展和时代需要的政策调整，既有其开明的一面，但同时也有其剥削的一面。正如马端临在《文献通考·自序》中所言：

> 官自煮盐、酤酒、采茶、铸铁，以至于市易之属，利源日广，利额日重。官既不能自办，而豪强商贾之徒又不可复擅。然既以立为课额，则有司不任其亏减，于是又有均派之法。或计口而课盐钱，或望户而榷酒酤，或于民之有田者计其倾亩，令于赋税之时带纳，以求及额，而征榷遍于天下矣。盖昔之榷利，曰取之豪强商贾之徒以优农民，及其久也，则农民不获豪强商贾之利而代受豪强商贾之榷，有识者知其苛横而国计所需不可止也。[1]

由此可见，商税及专卖收入所产生的财政负担也并非由那些在黄仁宇看来"最前进的经济部门"或商人阶层来承担的，而真正承担者是广大农民和城市平民。也就是说，宋代财政既没有"用经济最前进的部门做财政的基础"，更不存在什么所谓的"技术上不能与大多数的小自耕农的低层机构融合"的情况，只不过是在巨大的国防压力和财政压力之下，取法前代的聚敛之术，并加以改造、利用和规范而已，谈不上什么把财政建立在"最前进的经济部门"。

四、余　论

著名历史学家陈寅恪先生曾在《金明馆丛稿二编》中这样评价宋代："华夏民族之文化，历数千载之演进，而造极于赵宋之世。"[2]诚然，陈寅恪先生的这番话讲的是宋代在文化上的成就，但同样适用于宋代商税政策及其赋税结构的变化。如前所述，中国

---

①　文献通考·自序.

②　陈寅恪.金明馆丛稿二编.北京:读书·生活·新知三联书店,2001.

古代的商税政策源远流长却始终未能发达,而唯独有宋一代,跳出以往"重农轻商"的思维惯性,积极采取开明的商业政策和商税政策,并从中汲取了非常可观的财政收入规模,维持了一个所谓"积贫积弱"的王朝长达数百年的运转,这无疑是一个进步。然而,这种进步的取得,是宋王朝迫于巨大的财政压力,不得不进行一系列顺应形势发展和时代需要的政策调整,既有其开明的一面,但同时也有其剥削的一面,我们终究不能离开中国古代农耕社会的大背景来评述宋代商税政策及其历史意义。